Musik als menschliches Bedürfnis

Ein Plädoyer für einen bundesweiten und kostenlosen Musikunterricht

Alma Webster Hall Powell

Writat

Diese Ausgabe erschien im Jahr 2024

ISBN: 9789359941493

Herausgegeben von
Writat
E-Mail: info@writat.com

Inhalt

VORWORT

Es wird bemerkt, dass auf den folgenden Seiten politische und wirtschaftliche Ereignisse in ihrem Aspekt der emotionserzeugenden Kräfte des sozialen Drucks dargestellt werden, wobei ihren anderen Werten nur wenig Aufmerksamkeit gewidmet wird. Es muss auch ein künstlicher Auswahlprozess anerkannt werden, da von diesen Ereignissen nur solche berücksichtigt wurden, die eine direkte emotionale Reaktion auf ein Volk hervorgerufen zu haben scheinen. Jene lang anhaltenden wirtschaftlichen Bewegungen, die keine plötzlichen Veränderungen hervorriefen, wurden nicht berücksichtigt, weil ihre sogenannten störenden Auswirkungen zu allmählich waren, um sie zu den spezifischen emotionserzeugenden Kräften zählen zu können [1]; langsame Veränderungen werden von ganzen Völkern nicht wahrgenommen. Besonders ungebildete Massen werden sich fortschreitender Bewegungen erst dann bewusst, wenn ihre Auswirkungen so offensichtlich sind, dass sie aufgrund der hervorgerufenen emotionalen Reaktion berücksichtigt werden müssen. Die Geschichte eines langsamen Übergangs kann daher für die wissenschaftlichen Zwecke dieser Untersuchung unwichtig sein im Vergleich zu der etwas ungeordneten Störung, die in dem Moment auftrat, als die betrachteten Ereignisse stattfanden und eine eindeutig emotionale Reaktion hervorriefen. Darüber hinaus sind die Ereignisse möglicherweise genau zu diesem Zeitpunkt ins gesellschaftliche Bewusstsein gerückt, und zwar nicht, weil sie uns im klaren Nachlicht wissenschaftlicher Haltung und historischer Genauigkeit erscheinen, sondern als populäre Vorstellungen des Augenblicks, die die Macht hatten, heftige nationale Gefühlsreaktionen hervorzurufen. Ähnliche jüngste Gefühlswellen in der Bevölkerung, die nicht auf Tatsachen als solche zurückzuführen sind, sondern auf populäre Vorstellungen von solchen Tatsachen, werden jedem Leser leicht in den Sinn kommen.

Mit dieser Warnung, dass nicht die Würde der Geschichte, sondern die Intensität der öffentlichen Emotionalität im Rahmen und Bereich unserer Untersuchung liegt, können wir zu einer Darstellung der Methode und der allgemeinen These übergehen.

Die zu verfolgende Methode besteht darin, gleichzeitige und gleichzeitige öffentliche Ereignisse und Emotionsprodukte zu untersuchen, wie sie in der Musik zum Ausdruck kommen.

Zu den angezeigten Ergebnissen kann eine vorläufige Aussage wie folgt getroffen werden:

1. Unruhe ist eine Ursache für Pulsstörungen.

2. Ausreichende Unruhe führt zu einer tödlichen Störung des Körperrhythmus.

3. Alle starken Emotionen stören die rhythmische Bewegung im ganzen Körper.

4. Rhythmische Bewegungen, die zu oft gestört werden, führen zu abnormalen geistigen und körperlichen Zuständen.

5. Die Zivilisation „stört" ständig den Körperrhythmus.

6. Die politischen und industriellen Probleme einer Nation sind Anzeichen einer nationalen „Störung" des Rhythmus.

7. Musik bringt das Gefühlsleben jeder Epoche genau zum Ausdruck und ist die unbewusste Anwendung eines Heilmittels für das menschliche Bedürfnis nach rhythmischer Anregung.

Diese Punkte sind Teil der allgemeinen These, die wie folgt formuliert werden kann: MUSIK IST EIN MENSCHLICHES BEDÜRFNIS, DAS MIT DEM SOZIALEN DRUCK ZU- UND ABNEHMEN KANN.

Die Tendenz einer Gruppe in jedem Stadium der menschlichen Entwicklung besteht darin, Musik zu produzieren, die dem Charakter der sozialen Unruhen ihrer Zeit entspricht, und Gemeinschaften, die dieses Bedürfnis nach Rhythmus durch die nationale Musikkultur am besten erfüllen, neigen dazu, über längere Zeiträume zu bewahren. die Gelassenheit der öffentlichen Meinung. Daraus ergibt sich, dass die nationale Kontrolle und Förderung der Musik als nationale Pflicht angesehen werden kann. Diese Kontrolle und Unterstützung wird dazu beitragen, einen gesunden Zustand der öffentlichen Meinung zu bewahren. Eine solche Bedingung wird alle anderen Bemühungen zur Beseitigung von Unzufriedenheit, Krankheit, Laster und Kriminalität wirksamer machen.

Die nationale Kultur und die Unterstützung der Musik sind wirksame Mittel zur Ausübung sozialer Kontrolle, da Musik einen beruhigenden Einfluss auf gestörtes Denken hat. Ein solcher Einfluss ist im gegenwärtigen Stadium der geistigen Erregung äußerst notwendig. Nationale Institutionen für kostenlosen Musikunterricht, die in Störungsgebieten eingerichtet würden, würden dem angespannten Intellektualismus mit seiner Brut von Ideenmonstrositäten Einhalt gebieten, da Musik eine Entspannung der geistigen Konzentration bewirken würde. Es ist eine Frage der Erfahrung, dass die Entspannung der Spannung im Allgemeinen mit der Hingabe des aufgeregten Geistes an den musikalischen Rhythmus einhergeht.

Darüber hinaus gibt es weitere und nicht unerhebliche Argumente für die bundesweite Förderung der Musik. Aufgrund der hohen Kosten einer musikalischen Ausbildung wird viel versprechenden amerikanischen

Talenten die Förderung verwehrt. Allen Personen, die über ausgeprägte musikalische Fähigkeiten verfügen und sich als hilfewürdig erweisen, sollte dieses reiche Land nationale Unterstützung gewähren.

Der amerikanische Musikunterricht ist auch eine Verpflichtung gegenüber der amerikanischen Industrie, da er amerikanischen Lohnempfängern den Arbeitsmarkt im Musikbereich erschließen würde. Eine Vorstellung vom Umfang der privaten Unternehmen in diesem Bereich kann man sich aus den folgenden Punkten verschaffen:

MUSIK IM WESTEN. [2]

Wenn Musik für manche ein unnötiger Luxus zu sein scheint, was werden sie dann von der nüchternen wirtschaftlichen Tatsache halten, dass Chicago in einem Jahr 30.000.000 Dollar für Musikinstrumente aller Art, Notenblätter, Musikbücher, Musikzubehör und Musikunterricht ausgibt? Diese Zahl basiert „auf zuverlässigen Informationen", sagt Herr DA Clippinger in *The Musician* (Boston), und er deutet an, dass diese jährlichen Ausgaben einer westlichen Stadt nur typisch für die großen Flächen unseres Landes jenseits der Appalachen sind. Es fällt auf, dass diese Summe nicht die Ausgaben für das Hören von Musik, sondern für den Unterricht darin einschließt.

Gegenwärtig ist Amerika sowohl für seine beste Musik als auch für seine musikalische Ausbildung weitgehend auf ausländische Talente angewiesen. Mit nationaler Förderung seiner eigenen Talente würde dieser bedauerliche Zustand bald ein Ende haben. Dies würde die Amerikaner auch von der absoluten Abhängigkeit von privaten Institutionen befreien.

Auch die Musik ist zu einer wichtigen Industrie geworden, in der eine große Zahl von Arbeitskräften beschäftigt ist. Es ist höchste Zeit, dass diese Beschäftigung für amerikanische Arbeitskräfte zugänglich wird. Dies kann nur erreicht werden, wenn eine angemessene Ausbildung für diese anspruchsvolle Arbeit bereitgestellt wird. Gegenwärtig sind es Ausländer, die dieses Bedürfnis nach Rhythmus in Orchestern, Bands, Hotels, Restaurants, Kirchenchören, Studios, Clubs, Dampfschiffen, Opern und bei gesellschaftlichen Veranstaltungen befriedigen. Ein wichtiger Beruf, mit dem man Geld verdient, ist somit für unsere eigenen Talente unerreichbar.

Man könnte argumentieren, dass Gemeinden und Staaten bereits erhebliche Kosten für die Ausbildung von Musikverständnis in Form von Konzerten, Unterricht in öffentlichen Schulen, Parkkapellen usw. aufbringen. Diese Kosten sind zugegebenermaßen sehr hoch, aber was ist ihr produktiver Wert im Hinblick auf den Musikunterricht? Was ist beispielsweise der wirkliche Wert der vielen tausend Dollar, die jährlich in einer Stadt wie New York für öffentliche Musik ausgegeben werden? Der gebildete Zuhörer findet die

Programme fehlerhaft und weit davon entfernt, die Idee eines Komponisten wahrheitsgetreu wiederzugeben, während sie für den ungebildeten Zuhörer hauptsächlich eine Ablenkung seiner Aufmerksamkeit darstellen, ohne ihm etwas beizubringen. Die Einrichtung von Musikabteilungen an Hochschulen wird diesen dringenden Bedarf niemals decken können. Die meisten Institutionen, die auch nur teilweise von den Studiengebühren ihrer Schüler abhängen, erreichen die am wenigsten Bedürftigen und manchmal auch die am wenigsten Begabten unserer Bevölkerung. Wo der industrielle Schuh am stärksten drückt, liegt die nationale soziale oder politische Gefahr, und dort ist der Bedarf am größten. Wo der soziale Druck am stärksten zu spüren ist, entsteht eine Mine musikalischer Diamanten. Weder die Stadt noch der Staat können die musikalische Entwicklung so steuern, dass ein nationaler Typ in der musikalischen Komposition entsteht. Musik ist ein universelles Bedürfnis, nach dem die Kinder der Nation leidenschaftlich verlangen. Daher sollte unsere Bundesregierung dieser Forderung nachkommen, die von Tag zu Tag dringlicher wird und auf ein nationales Bedürfnis hinweist. Wir wagen die nicht unbegründete Prophezeiung, dass die gesamte amerikanische Nation gerne eine Steuer für ein so gutes Werk wie die Gründung nationaler kostenloser Musikschulen in unserem ganzen Land übernehmen würde. Dass die europäischen Länder dieses Bedürfnis erkannt haben, zeigen die Statistiken, die unten aufgeführt sind. [3] Diese Statistiken waren sehr schwer zu beschaffen und sind in ihrem Inhalt ziemlich überraschend.

Eine Kopie des versandten Fragebogens finden Sie in Anhang A. Die Nationen, von denen wir die geringsten Ausgaben für die musikalische Kultur erwarteten, erwiesen sich als die verschwenderischsten. Die Vereinigten Staaten stehen abseits der weltweiten Schar der Musikförderer. Das jüngste Interesse an indischer und schwarzer Musik könnte sich jedoch als ein Einstieg in eine breitere Förderung unserer nationalen musikalischen Ressourcen erweisen. Unsere staatlichen Universitäten und unsere öffentlichen Schulen sind Institutionen, auf die die Nation zu Recht stolz ist. Warum öffnen Sie Ihre Arme nicht ein wenig weiter, großzügiges Amerika, und nehmen Ihr eigenes schönes musikalisches Kind in die Arme, das jetzt so schwach und mickrig ist, aber voller Verheißungen für die Zukunft? Die Hoffnung des Autors ist, dass dieser Schrei vom Oberhaupt der Nation gehört wird.

Im Hinblick auf diese nationale Unterstützung haben wir unsere Statistiken zusammengestellt. Städtebauliche Vorhaben werden nicht berücksichtigt; Parkkapellen, Militärkapellen, [4] Neubauten für nationale Musikakademien, kurz gesagt, alle Ausgaben für Musik, die nicht direkt zur musikalischen Ausbildung der betreffenden Personen beitragen, werden weggelassen. Daher bleiben die großen Beiträge der Städte für öffentliche Unterhaltungen in unserer Berechnung vollständig außen vor. Die Vereinigten Staaten haben sich in der nationalen Musikkultur nicht an die europäischen Länder angeschlossen, aber das liegt wahrscheinlich einfach daran, dass die Aufmerksamkeit unserer Nation bisher nicht auf Musik als Gesundheitsmaßnahme gelenkt wurde. Es ist zu viel Tinte geflossen, um Musik als Ablenkung, als Vergnügen, als Ideal, als überflüssigen Luxus zu beschreiben, obwohl es kein größeres körperliches und geistiges Bedürfnis gibt als das unbewusste körperliche Bedürfnis nach Rhythmus, das bewusste körperliche Bedürfnis nach Musik.

Es ist wahr, dass die Welt die hier dargelegte Theorie des „Rhythmus" möglicherweise nicht sofort akzeptieren wird. Eine Untersuchung würde jedoch einige neue und interessante Entdeckungen im Hinblick auf unerwartete Auswirkungen von Musik auf das Nervensystem bringen. Auf jeden Fall ist Musik ein Wundermittel, das jetzt die Aufmerksamkeit von Soziologen, Psychologen und Ärzten auf sich ziehen sollte.

Musik wurde allgemein als die Sprache der Emotionen angesehen, aber es wurde nie geklärt, warum diese Emotionen, obwohl sie Kunst, Poesie, Tanz und viele andere Mittel des teilweisen Ausdrucks haben, so dringend Klang für die vollständige Selbstverwirklichung benötigen. Der Pulsschlag und der Takt in der Musik sind ähnliche rhythmische Ausdrücke, aber die enge Beziehung zwischen ihnen wurde bisher ignoriert. Doch Gruppen haben einen Puls; Geschichte hat einen Puls; die Phänomene des physischen Universums haben einen Puls; Alle Lebensmanifestationen sind Demonstrationen der Pulswirkung.

Was wird aus den zahllosen Millionen musikalischen Klangschwingungen, die von den Orchesteraufführungen in einer Großstadt in den Raum geschickt werden? Sind sie alle wirkungslos, erreichen nur die Hörorgane und verlöschen dort? Oder dringen sie tatsächlich in den menschlichen Körper ein und bringen alle darin auftretenden disharmonischen Bewegungen in ihren eigenen perfekten Rhythmus? Wirken sie nicht „als Reize auf das sensible Psychoplasma und bewirken Veränderungen in seiner molekularen Zusammensetzung?" [5]

Jeder Rhythmus, wie auch immer unterteilt, ist eine perfekte Bewegung. Der Rhythmus, der auf eine gestörte Bewegung einwirkt, neigt dazu, der Dissonanz seine eigene Bewegung aufzuzwingen, wenn er stärker ist als die aufgetretene Störung. Diese Theorie schreibt der Musik nicht nur eine höhere Mission zu, als bisher angenommen wurde, sondern erklärt auch die Phänomene organisierter Schallschwingungen und das Verlangen des gesamten menschlichen Lebens nach Musik. Dieses leidenschaftliche Verlangen nach Musik ist eine feststehende Tatsache, und es bleibt nur noch, die Notwendigkeit dieses inspirierenden Klangstimulus zu zeigen, um Musik in die Liste der anerkannten nationalen Notwendigkeiten aufzunehmen.

Die bereitwillige Reaktion Österreichs, Bayerns, Belgiens, Dänemarks, Englands, Ecuadors, Frankreichs, Hollands, Ungarns, Italiens, Norwegens, Russlands, Sachsens, Schwedens und der Vereinigten Staaten auf die Anfrage des Autors nach musikalischen Statistiken verdient besondere Erwähnung. Von den Nationen, die um Statistiken gebeten wurden, schien nur Preußen entweder nicht gewillt oder nicht in der Lage zu sein, dieselben bezüglich seiner nationalen Musikförderung vorzulegen. Der Autor teilte die allgemeine Meinung, dass Preußen auf diesem Gebiet weltweit führend sei. Doch obwohl er über die entsprechenden offiziellen Kanäle von mehreren einflussreichen Stellen angefragt wurde, erhielt er keine Antwort. In einem Telegramm des US-Konsuls in Berlin heißt es, dass die musikalischen „Statistiken nicht verfügbar" seien. Der Brief des sächsischen Ministers könnte einen Einblick in den tatsächlichen Zustand der deutschen Musikförderung geben und ist daher in Anhang E beigefügt. [6]

Der Appell in dieser Arbeit richtet sich an ein System öffentlichen Musikunterrichts nach den Grundsätzen, die für unser öffentliches Schulmanagement gelten. Dies wäre ein Fortschritt gegenüber den Systemen staatlicher Unterstützung musikalischer Institutionen, wie sie in den in dieser Arbeit enthaltenen Statistiken dargestellt sind und die im Allgemeinen eine geringe Gebühr für Schüler erheben, die in der Lage sind, diese zu bezahlen. Alle diese Institutionen gewähren den außergewöhnlich Begabten unter den Armen alle Privilegien kostenlos. Das Ziel jeder dieser Institutionen, wie wir sie befürworten, sollte die staatliche Unterstützung einheimischer musikalischer Talente sein, ohne Rücksicht auf Gewinn oder Verlust bei der Verwaltung. Musik ist eine jener Wissenschaften, die Unbegabte nicht zu ihrem Studium anziehen, und da dies der Fall ist, geht kaum Unterricht verloren. Das richtige Studium der Musik umfasst so viele der regulären Studienfächer der öffentlichen Schulen und so viele Elemente der höheren Bildung wie Psychologie, Biologie, Soziologie, Physik, Wirtschaft, Sozialgesetzgebung, Geschichte, Sprachen, Literatur, körperliches Training, Selbstkontrolle, ganz zu schweigen von den mathematischen Studien, die in Fächern wie Orchestrierung, Harmonie, Kontrapunkt usw. enthalten sind, dass eine vorbildliche Musikhochschule eine Bildung und Kultur bieten würde, die für den Einzelnen und die Gruppe weitaus vorteilhafter wäre als dies von einigen der gegenwärtigen Bildungssysteme geboten wird. Die unmittelbaren Kosten wären immens, aber der Autor ist überzeugt, dass sich diese Ausgaben schnell auszahlen würden, indem die Kosten für den Schutz des einheimischen Individuums vor vielen Auswirkungen von Nervenstörungen bei Kindern und Erwachsenen gesenkt würden, Unzufriedenheit, Aufstände, Antagonismus zwischen Arbeit und Kapital und viele Erscheinungsformen partiellen Wahnsinns verringert würden. Kurz gesagt, ein solches System ist ein Hauptfaktor der sozialen Kontrolle, auf dessen Fehlen in gewissem Maße die gegenwärtige Gefahr für die Zivilisation zurückzuführen sein kann.

Wir nutzen diese Gelegenheit, um unseren Dank für die jeweils vorgelegten Statistiken gegenüber den folgenden Herren auszudrücken, die entweder in ihrer offiziellen oder privaten Funktion den eingereichten Fragebogen beantwortet haben und deren Mitarbeit bei unserem Versuch von unschätzbarem Wert war stellen die neuesten Zustände der staatlich geförderten Musik im Ausland vor: Wilhelm Bopp, Direktor der k.k. Akademie für Musik und bildende Künste, Wien, Österreich; M. Steiner, Innenminister für Religion und Schule, Bayern; M. Phillis, Minister für Kunst und Wissenschaft, Belgien; J. Clan, dänischer Generalkonsul in New York, und Cornelius Rübner, Leiter der Musikabteilung der Columbia University; Olmedo Alfaro, Sohn des Präsidenten von Ecuador, und der Direktoren des Konservatoriums von Quito, Ecuador; AW Twenlyman vom English Education Board, London, England; I. Philipp vom Pariser Konservatorium; Th. Heemskerk, Innenminister, Holland; Luigi Credaro, Minister für öffentliche Bildung, Rom, Italien; Ole Olesen, Militärinspektor für Musik, Norwegen; Wm. Thackara, amerikanischer Generalkonsul, Berlin, Deutschland; Alexandre Lyssakovsky, Erster Sekretär der russischen Botschaft, Washington, DC; (Graf) Vitzhum von Eckstaedt, Innenminister Sachsen; Bror Beckman vom Königlichen Konservatorium für Musik, Stockholm, Schweden; LA Kalbach, Chefsekretär des United States Bureau of Education, Washington, DC; Herr Wm. H. Taft, ehemaliger Präsident der Vereinigten Staaten; Naray-Szabo, Staatssekretärin, Ungarn, und Dr. Paul Majewsky, Leiter der Abteilung für bildende Kunst des Königlich Ungarischen Ministeriums für öffentliche Gottesdienste und Bildung, Budapest.

Dank gebührt auch für die Inspiration, die wir in den Studiengängen unter der Leitung der folgenden Professoren der Columbia gefunden haben: Dr. FH Giddings in Soziologie, Dr. Henry Seager in Wirtschaftswissenschaften, Dr. S. McC. Lindsay in Sozialgesetzgebung, Dr. ERA Seligman in Wirtschaftswissenschaften, Dr. JB Clark, Dr. AA Tenney in Soziologie, Dr. RE Chaddock in Statistik, Dr. C. Ruebner in Musik und Dr. VG Simkhovitch in Wirtschaftswissenschaften. Keiner dieser Kurse hat sich in der vorliegenden Dissertation als überflüssig erwiesen, und wir sind in der Tat stolz darauf, dass Musik, die so lange als Luxus betrachtet wurde, die Beziehungen zu den Interessen zeigen kann, die sie vertritt. Besonders groß ist unser Dank gegenüber den Professoren Giddings, Seager, Chaddock, Lindsay und Ruebner.

Unser aufrichtiger Dank für die Zusammenstellung dieser Statistiken gilt Commendatore Eugenio di Pirani, dem Präsidenten der American Philharmonic Academy.

FUßNOTEN:

[1] Lange Arbeitsbewegungen, von denen anerkanntermaßen die Eigenschaft langsamer, emotionserzeugender Kräfte vorliegt, werden nicht berücksichtigt.

[2] The *Literary Digest* , 10. Januar 1914.

[3] Anhang E .

[4] Es handelt sich hier um angeheuerte Kapellen, die nicht aus von der Bundesregierung eigens für diesen Zweck ausgebildeten Musikern bestehen. Eine derartige Ausbildung stellt, wie in England, eine wichtige Form der Berufsausbildung dar.

[5] Das Rätsel des Universums, von Ernst Haekel, S. 110.

[6] Die wertvollen Originale der Außenministerbriefe sind noch heute im Besitz des Verfassers.

TEIL I.
DIE THESE.

KAPITEL I.
MUSIK ALS MENSCHLICHES BEDÜRFNIS.

Unsere Dissertation befasst sich mit einer neuen Phase in der psychologischen und soziologischen Forschung, in der wir versuchen müssen, die Rolle abzuschätzen, die Vibration als wirkende Kraft bei der geistigen und umweltbedingten Entwicklung spielt.

Egal in welche Richtung wir uns wenden, Musik begegnet uns in der einen oder anderen Form. Die unbestrittene Tatsache, dass Musik nicht auf die menschliche Spezies beschränkt ist, sondern ein Teil des Vogel- und anderen Tierlebens ist, weist stark darauf hin, dass in der Musik mehr steckt als nur ihre scheinbar angenehme Qualität, und dass hinter ihrer Reihe oberflächlicher Formen Es muss eine große grundlegende Notwendigkeit für seine Existenz und sein Funktionieren geben. Davon kann die Erhaltung des Lebens bestimmter komplexer Lebewesen abhängen.

Darwins Theorie, wie sie in „The Descent of Man" [7] zum Ausdruck kommt, scheint uns die wahre Quelle des Phänomens nicht zu berühren, und Spencers „Illustrations of Universal Progress" scheint uns dessen Theorie über den Ursprung und die Funktion der Musik [8] den wichtigsten Faktor der Musik zu übergehen. Spencers Idee ist, dass alle Musik eine Idealisierung der natürlichen Sprache der Leidenschaft ist, aber die Natur der Leidenschaft eignet sich in Wirklichkeit nicht für Musik, weil die Spontaneität der Handlung der Leidenschaft die Ausübung jener Kontrolle, die für die Ausführung von Musik erforderlich ist, für immer verbietet. Wallaschek behauptet in „Primitive Music" [9], dass Musik das Ergebnis des ursprünglichen rhythmischen Impulses im Menschen ist. Diese letztgenannte Theorie kommt der Theorie, die wir in der vorliegenden Arbeit aufgestellt haben, näher, nämlich dass Musik aus dem *Bedürfnis des Menschen* nach rhythmischen Klangschwingungen entsteht, um die rhythmische Bewegung in seinem eigenen Nervensystem wiederherzustellen, das durch die evolutionäre Zunahme nicht rhythmisch eingesetzter geistiger Aktivitäten gestört wurde. [10] Um das Thema vollständig und in all seinen Implikationen zu betrachten, müssen wir den Weg der Evolution bis zu dem Punkt zurückverfolgen, an dem das Lebewesen, aus dem sich später der heutige Mensch entwickelte, als erstes über Fortbewegungsmittel und Greiforgane verfügte und sich als erstes auf der Suche nach Energiematerialien zu bewegen begann, mit denen es ein inneres Bedürfnis nach Integration befriedigen konnte. Das erste Ding, das sich bewegte, begann seine Bewegung aufzulösen und eine entsprechende Integration zu „brauchen". Rhythmus kennzeichnete diese primitive innere Handlung, die von Ideen ungestört blieb; Rhythmus beherrschte auch den äußeren Reiz. Dieser prähistorische Atavus aß, wenn er hungrig war oder wenn er Nahrung bekommen konnte, da sein Bedürfnis rhythmisch war, zu einer Zeit, als Früchte und Nüsse eine leichte Befriedigung eines rhythmischen Hungers boten; er erwachte bei Tagesanbruch und schlief mit der Sonne ein; immer rhythmisch.

Daher müssen der Kreislauf und der Puls dieses frühen Menschen relativ rhythmisch gewesen sein, doch gibt es keine Aufzeichnungen über Musik als Erfindung, bis ein neuer Faktor in seiner Umgebung auftauchte. [11] Die Bedürfnisse des Lebens begannen Partnerschaften vorzuschlagen , Kinder festigten die Elternschaft, Familiengruppen trafen sich und schlossen sich anderen Familiengruppen an, noch andere kamen hinzu und der Stamm wurde gebildet. Vieles über das Stammesleben in prähistorischen Zeiten ist eine Frage der Vermutung, aber aus den *Sitten* späterer Stämme kann man genug lernen, um mit hinreichender Wahrscheinlichkeit auf einige der frühesten Stammesbräuche hinzuweisen. Musik ist eine späte Erfindung, aber die Elemente, aus denen Musik geformt wird – Rhythmus, Bewegung und Klang – stellen die ersten Impulse dar, die ersten Reaktionen auf Reize, die an sich rhythmisch sind; und die ältesten Völker weisen Spuren der Liebe zum Klang in rhythmischen Handlungen auf. Es ist wahrscheinlich, dass sich aus der Verbindung, beim Menschen wie bei Vögeln, ein Bedürfnis nach Kommunikation entwickelte; aus diesem Bedürfnis entstand die akustische Bildung der Sprache, und die Sprache wiederum brachte den ersten bewussten Austausch von Ideen hervor. Intensive geistige Aktivität verursacht einen gestörten körperlichen Rhythmus. Die körperlichen Funktionen sind noch nicht an die durch solche geistigen Aktivitäten verursachten körperlichen Störungen angepasst. Die Organe zur Verarbeitung der schrecklichen Reize des modernen Lebens sind noch nicht perfekt entwickelt, wie die Unfähigkeit des Körpers, mit der zunehmenden Intellektualität fertig zu werden, und die daraus resultierende angebliche Zunahme des Wahnsinns in der heutigen Zeit zeigt. So wie sich das Auge vom Tastsinn zu seiner heutigen Leistungsfähigkeit entwickelt hat und möglicherweise zu einer noch klareren Sicht fähig ist, so hat sich auch das Nervensystem von seiner Einzelzelle zu seiner heutigen Zellvielfalt entwickelt und möglicherweise neue Zellformationen entwickeln, mit denen es wechselnde Grade zusätzlicher Reize verarbeiten kann.

An dieser Stelle wird auf eine Abweichung vom etablierten Glauben hingewiesen. Ideen waren wunderbare und kraftvolle Anreize für den primitiven Geist. Diese extreme Spannung, die dazu führt, dass der moderne Geist aus dem Gleichgewicht gerät, ist nicht verhältnismäßig intensiver als die Reaktion des primitiven Geistes auf die allererste Frage und Antwort der primitiven Sprache. Ein neuer Reiz, der auf ein neues Organ einwirkte, erzeugte eine neue Störung – eine Störung eines bisher rein rhythmischen Lebens; und ein Teil der inneren organischen Familie wurde zur unabhängigen Bewegung getrennt, differenzierte sich mit einem eigenen Rhythmus, der sich ganz selbstverständlich von dem althergebrachten Rhythmus des ältesten physischen Lebens unterschied. Genau an diesem Punkt der Entwicklung wurde instinktiv die Notwendigkeit einer mehr oder weniger bewussten Neuanpassung verspürt. Der innere Rhythmus war gestört, und der Mensch erfand sofort einen künstlichen Erzeuger rhythmischer Schwingungen: die Perkussion. Dies schickte unzählige tausende rhythmische Impulse in sein Nervensystem, die dazu neigten, seine gestörte rhythmische Bewegung wiederherzustellen. Zu behaupten, dass die ersten rhythmischen Erfindungen in Kriegsliedern, in religiösen Riten oder in festlichen Zerstreuungen zu suchen sind, scheint uns nicht nur alle immens wichtigen Vorschritte zu ignorieren, durch die eine solche vergleichsweise Komplexität erreicht wurde, sondern auch auch das Phänomen des Rhythmushungers vor der Erfindung des primitivsten Instruments völlig unberücksichtigt zu lassen. Wenn das Kriegselement in das Stammesleben Einzug hält, hat die Institutionalisierung bereits etwas zugenommen. Familienleben, Ehe, Erbschaft, Regierung – diese finden wir bereits in einem bestimmten Entwicklungsstadium , in den allerersten Stämmen, über die wir positives Wissen haben. Das Leben dieser Stämme, das in allen Teilen der Welt so ähnlich ist, verursachte gewisse Störungen innerhalb der ursprünglichen rhythmischen Körperbewegung. Die Reaktion auf eine solche Störung kam in den Rhythmusproduzenten, die in jeder Phase instinktiv entwickelt wurden, genau zum Ausdruck. Der Krieg war jahrhundertelang der einzige große Störer des gewohnten Rhythmus, und daher wurde schon früh Musik erfunden, die den Bedürfnissen dieses Elements gerecht werden konnte.

Bei häuslichen, den Rhythmus störenden Krisen wurde von den Stämmen oft Musik – Klang – eingesetzt. Die alten Chinesen [12] pflegten das Haus eines frisch vermählten Paares zu „beschallen", in der Annahme, dass Braut und Bräutigam auf diese Weise ein „von bösen Dämonen befreites" Haus betreten würden. Hier haben wir ein unterbewusstes Erkennen der tatsächlichen Antriebskraft rhythmischer Schwingungen. So waren im alten Japan Kriegslieder der alte Ausdruck nationaler Erregung. Diese, da sie ausnahmslos von hohen Gefühlen der Loyalität und des Patriotismus begleitet waren, stabilisierten die Wut des Kriegsfiebers auf ein gutes Kampfniveau und verhinderten impulsive oder zu rücksichtslose Angriffe.

Die Hindus [13] glauben, dass ihre Tonleiter eine Inspiration des Himmels ist. Ihre Musik ist eher Ausdruck religiöser als militärischer Agitation.

Wenn wir daran denken, wie sich der primitive Mensch zunächst über all die unbekannten Kräfte, die ihn umgaben, gewundert haben muss, ist es dann nicht möglich zu glauben, dass religiöse und nicht kriegerische Gefühle die ersten waren, die alle frühen Stämme so heftig erregten?

Die alten Völker arischer Abstammung scheinen musikalisch hochbegabt gewesen zu sein. Wahrscheinlich aufgrund ihrer Wandergewohnheiten, ihres kriegerischen Geistes oder ihres Strebens nach Kultur entwickelten die Arier früh und stark dieses größere Bedürfnis nach rhythmischen Reizen im Schlagzeug.

Die persische Agitation nahm die Form des Okkultismus an, wie die Schilder an den Wänden ihrer Feuertempel zeigen. Ihre Musik galt als symbolisch. Sie glaubten zum Beispiel, dass Musik wie ein Baum sei und dass seine Töne Feuer, Wasser, Luft und Erde, die Tierkreiszeichen, die Planeten und sogar Tag und Nacht repräsentierten. [14]

Musik verbindet sich mit Ideen im Ausdruck von Rhythmus, und zwar in direktem Verhältnis zur Entwicklung von Ideen in der Kultur der verschiedenen Rassen. Als der Krieg nicht mehr der Hauptfaktor für die Störung des körperlichen Rhythmus war und noch später, als Ruheperioden zwischen langen Kriegen üblich wurden, lenkte der Impuls, den die Stämme bereits durch die entscheidenden Aufgaben des Krieges erhalten hatten, und die daraus resultierende gesteigerte molekulare Bewegung der Organe die Aufmerksamkeit der Stämme in Ruhezeiten auf Gedanken an Liebe, Dekoration und Poesie, aber vor allem auf den Gedanken, die bewegenden Taten ihrer Helden in irgendeiner Art von Musik festzuhalten. Die Indianer haben ihre Taten wahrscheinlich immer im Rhythmus gesungen, wenn auch oft mit einer instrumentalen Begleitung in einem anderen Rhythmus, was gängige Praxis sein muss, um das Bedürfnis eines Geisteszustands zu befriedigen, der durch die Reize der allgegenwärtigen Gefahr „gestört" war. [15]

Rhythmische Musik, die als Schöpfung des Geistes und als Bedürfnis des Körpers betrachtet wird und die Wirkung musikalischer Schwingungen auf menschliches Handeln misst, wird mit Sicherheit den Weg zu einem überraschenden Fundus neuer Erkenntnisse weisen. Die Anzahl der Vibrationen, die das Ohr beim einfachsten Trommelspiel aufnimmt, muss enorm sein, und wenn man bedenkt, dass diese Vibrationen eine lebendige Kraft darstellen, die auf die angespannten Nerven einwirkt, und dass die Auswirkungen in einem psychophysiologischen Labor quantitativ messbar sind, ist das ein bedeutsamer Die Entwicklung der Psychiatrie lässt sich mit Sicherheit vorhersagen. Es wäre interessant, die unterschiedlichen Auswirkungen derselben musikalischen Umgebung auf die nervösen Reaktionen teilweise gehörloser und normaler Lebewesen zu untersuchen, um herauszufinden, inwieweit die subjektive und bewusste Wahrnehmung bestimmter Geräusche die objektiven physischen Ergebnisse der Schwingung beeinflusst Kraft, die sie hervorbringt.

Tiere sind bekanntlich empfindlich gegenüber den Klängen von Musik, und Vögel erschaffen sogar das, was man Musik nennt; diese Schöpfung der Vögel scheint uns nichts anderes zu sein als ihr instinktiver Versuch, gestörte innere rhythmische Vorgänge wiederherzustellen. [16] Jedenfalls ist Schwingung das Grundelement der Musik wie des Lebens, und wo Musik existiert, hat es immer eine vorhergehende Erregung irgendeiner Art gegeben.

Da im Stammesleben komplizierte intellektuelle Reize fehlten, war der allgemeine Rhythmus in den meisten Phasen mäßig leicht aufrechtzuerhalten. Ereignisse, die neu genug waren, um aufregend zu sein, waren selten. Stammeskriege galten als die übliche Beschäftigung des Alltagslebens. Unabhängig davon, ob Polygamie oder Monogamie die Ehebeziehung kennzeichnete, ob Frau oder Mann das Familienleben beherrschten, ob Menschen- oder Tieropfer einem oder mehreren Göttern dargebracht wurden, waren die Reize, denen man im täglichen Leben begegnete, in ihrer Monotonie sehr ähnlich, und zwar sehr ähnlich bei allen Stämmen gleich. Bräuche wurden von einer Generation zur nächsten weitergegeben und von einem Teil der Erdoberfläche zum anderen getragen, doch die gewöhnlichen Erfahrungen veränderten sich kaum, bis die Nationen unter der Anregung dampfbetriebener Motoren und Maschinen das Industriefieber entwickelten, das charakteristisch zu sein scheint moderne Zeiten. Auch heute noch tendiert das Leben in Gegenden, in denen es keine Zeitungen und Eisenbahnen gibt, dazu, in primitive Ideale zurückzufallen. Die Interessen der Stämme lagen in der Viehzucht, in der Geburt männlicher Nachkommen, in der Arbeitsteilung in Suche und Zubereitung von Nahrung und in der Vereinigung einer starken, allen anderen Gruppen feindlich gesinnten Gruppe. Diese Beschäftigungen existierten neben einer einfachen Umgebung, die für die ruhigen Sinnesorgane wenig aufregend war, inmitten einer malerischen Umgebung, die niemals von Künstlichkeit berührt wurde; wo Dorfszenen von geringer Abwechslung stattfanden; wenn kein Grund für eine abnormale Schnelligkeit der Augenbewegungen besteht; Dabei kam es nur selten zu Störungen des regelmäßigen Rhythmus der Nervenzellbewegungen. Daher bestand in der Musik kaum oder gar kein Bedarf an komplizierten Rhythmen. Man wird sich daran erinnern, dass Musik ein Bedürfnis für den Teil der Menschheit oder jedes lebenden Organismus ist, der aufgrund der vorherigen Aufnahme unregelmäßiger Reize die natürliche innere und unabhängige rhythmische Bewegung gestört hat, die von der Mutter im Geburtsprozess vermittelt wurde. Eine verstärkte Herztätigkeit ist zeitweise nicht schädlich, selbst wenn sie über dem Normalwert liegt, aber eine Herztätigkeit, deren Schlag sich ständig ändert, mal schnell, mal langsam, mal schwach, mal stark, neigt dazu, die normale rhythmische Lebensbewegung zu stören die Zellen, ein Ergebnis, das durch die moderne Vielfalt unregelmäßiger Reize verursacht wird und beim modernen zivilisierten Menschen beobachtet werden kann. Eine große Vielfalt an Reizen, die der Stammesmensch selten erlebte. Seine perkussive Musik war nicht komplex, weil die Lebensreize nicht komplex waren; Das Nervensystem des Wilden wurde nur durch wenige mentale Prozesse gestört – die einfachen Ergebnisse der wenigen und gleichbleibenden Reize, die sein Stammesleben bot.

Wenn wir uns der Neuzeit nähern, wollen wir sehen, welche Rolle die Musik im Stammesleben der frühen germanischen Rassen spielte. In jenen Zeiten voller Kriegsaufregung, als die Stämme wie wilde Tiere kämpften und der Kriegsgeist die volle Macht hatte, sangen die Deutschen auf ihrem Marsch in die Schlacht, Helme mit Tierköpfen verziert und ihre großen Körper mit dem einfachen *Sagum bekleidet*, ihren Krieg Lieder und schlugen rhythmisch auf ihre Schilde. Dieser allgegenwärtige Trend zu rhythmischem Klang weist auf ein unterbewusstes Bedürfnis danach hin, ein Bedürfnis, das uns oft in der Sehnsucht unserer Kinder nach dem Lärm des Schlagzeugs stört – ein Geräusch, das, wie schon leidgeprüfte Eltern erfahren haben, über alles geliebt wurde andere Ablenkungen. Solange Krieg und Religion allein die Menschheit beschäftigten und bevor das menschliche Bedürfnis nach rhythmischem Klang so ausgeprägt wurde, dass die sehr komplizierte Idee entstand, aus angenehmen Klangintervallen, kombiniert mit Wortbildern menschlicher Emotionen, Schwingungsimpulse zu erzeugen – so lange dauerte es bloßer Rhythmus in der Musik reicht aus, um gestörte innere Bewegung wiederherzustellen.

Die Gallier gingen in Richtung musikalischer Organisation einen Schritt über die Deutschen hinaus, indem sie „Barderkapellen" unterhielten, die laut Tacitus die gallischen Armeen begleiteten, um die Krieger anzufeuern.

FUSSNOTEN:

[7] Teil II, S. 375: „Der wahre Gesang der meisten Vögel und verschiedene seltsame Schreie werden jedoch hauptsächlich während der Brutzeit geäußert und dienen als Zauber oder lediglich als Rufzeichen für das andere Geschlecht."

[8] Bd. II, Kap. 19.

[9] Kapitel 9.

[10] Wenn, wie Haekel in „Das Rätsel des Weltalls", S. 116, sagt: „Wenn die Wurzeln der Mimose durch den Schritt eines Vorübergehenden erschüttert werden, so wird der Reiz sofort auf alle Zellen der Pflanze übertragen",

könnte dann nicht der weitaus stärkere Reiz des musikalischen Klangs in ähnlicher Weise auf die menschlichen Zellen übertragen werden, die nicht direkt am Hören beteiligt sind?

[11] Die vom Hylobates Syndactylus gesungene Oktave von Halbtönen ist lediglich ein Versuch der Spracherzeugung.

[12] Amerikanische Geschichte und Enzyklopädie der Musik.

[13] Ebenda.

[14] Ebenda.

[15] Es ist zu beachten, dass in diesem Buch durchgehend von Ideen als „Störungen des rein physischen, molekularen Rhythmus" gesprochen wird, da hier behauptet wird, dass ebenso wie das unbewusste Aussetzen der Atmung für einige Sekunden während des Schreibens einer Idee die Hemmung der geistigen Tätigkeit auf die Herztätigkeit und den Blutkreislauf zum Ausdruck bringt, so beeinflusst auch die kontinuierliche Aufnahme neuer Eindrücke in den Geist die ursprüngliche regelmäßige rhythmische Bewegung des gesamten Körpers. Daher ist das Denken ein echter Störfaktor für den Rhythmus im Körper. Ebenso wird jeder Ausbruch von Wut, Angst oder Freude sofort im Puls registriert.

[16] Wir sind uns bewusst, dass Darwin das Element der sexuellen Selektion im Gesang der Vögel betont.

KAPITEL II.
MUSIK UND BEWEGUNG.

Musik, ein anerkanntes, aber immer noch ungerichtetes Mittel zur Aufrechterhaltung des Rhythmus, wird entsprechend der Störung einer Körperschaft oder eines Körperindividuums gesucht und produziert. Die musikalischen Produkte einer Nation spiegeln die Geschichte dieser Nation weitaus besser wider, als Feder und Tinte sie mühsam darlegen können. Musik geht auf physiologische und psychologische Bedürfnisse ein und hat die Tendenz, das rhythmische Gleichgewicht wiederherzustellen, egal ob sie auf physische Organe oder auf Mitglieder einer nationalen Körperschaft angewendet wird. Und wie die Aggregate von Materie und Bewegung in menschlichen Körpern alle ihre ungleichen, komplexen und doch unterschiedlichen Rhythmen unter einem mittleren Rhythmus vereinen, der zum charakteristischen Rhythmus des Ganzen wird, so tun es auch die musikalischen Produkte einer Nation während einer bestimmten Zeit oder Alter, kombinieren ihre ungleichen Bewegungen unter einer mittleren Bewegung oder Charakteristik, die alle rhythmischen Produkte umfasst und die wir als charakteristische „Farbe" oder „Temperament" in der nationalen Musik dieser Zeit betrachten. Und wie der Mittelwert, der den Rhythmus oder Puls eines einzelnen Wesens oder einer Nation bestimmt, nicht mit dem Mittelwert einer anderen Kombination als der eigenen verwechselt werden kann, so ist die „Farbe" oder das „Temperament" der Musikprodukte eines Landes klar unterscheidbar von dem der Musikprodukte anderer Länder.

In ähnlicher Weise zeigt die Menschheit, diese größere Ansammlung menschlicher Moleküle, eine mittlere Farbe in den vereinten Produkten oder Bewegungen ihrer Teile, der Nationen. Der „Ton" der Musik des 19. Jahrhunderts ist komplexer als der des 18. Jahrhunderts, obwohl Spanien seine Unruhen aus dem 18. Jahrhundert immer noch mit der Musik des 18. Jahrhunderts wiederherstellt. England, das nur wenige tief verstörte Emotionen hat, begnügt sich mit Dosen der Musik des frühen 19. Jahrhunderts. Frankreich wendet seine eigenen lebendigen intellektuellen Klangbilder auf seine psychologischen und politischen Störungen an. Deutschland findet das Allheilmittel für seine Unruhen in den Farben der Seelentragödie und der starken Sentimentalität. Italien trank bis zu seinen jüngsten Schritten in Richtung moderner Methoden in der Reizproduktion seine entzückende Komödie und seine blumige Tragödie aus anmutigen, altmodischen Musikbechern. Die Musikproduktionen des 19. Jahrhunderts in England, Frankreich, Deutschland und Italien sind, so könnte man sagen, Bilder ihrer verschiedenen nationalen „Störungen" und genaue quantitative Messungen der Tiefe, bis zu der der mittlere nationale Rhythmus gestört wurde. Alle diese musikalischen Produktionen wirken wiederum auf die

Gesamtheit der Menschheit und werden unter dem sogenannten Mittelrhythmus oder Altersmerkmal des 19. Jahrhunderts zusammengefasst.

Wie bereits erwähnt, gibt es zu wenige Daten über die Gewohnheiten des primitiven Menschen, als dass wir etwas über seine Musik erfahren könnten, aber man kann davon ausgehen, dass ihre relative Einfachheit oder Komplexität der relativen Einfachheit oder Komplexität seines geistigen und körperlichen Lebens entsprach. Zweifellos entstand die früheste Gruppenkomplexität durch Wandergewohnheiten, das Eindringen in neue Umgebungen und die Aussetzung des psychophysischen Systems des Menschen gegenüber neuen „Belastungen" störender Reize.

Nach dieser Theorie müssen wir „Störungen" als Reaktionen auf unterschiedliche Reize definieren, die die körperliche Pulsbewegung übermäßig beschleunigen oder verlangsamen und den *normalen* Pulsrhythmus verändern. Beispiele hierfür sind plötzliche Wanderungen, Begeisterungsausbrüche, Kriege, Aufstände und sogar bestimmte intellektuelle Aktivitäten.

Musik ist eine Phase des Evolutionsprozesses. Auch die musikalische Entwicklung hat ihre Ordnung: (a) in der Wertschätzung, [17] wenn sich der primitive menschliche Geist des vorhandenen Rhythmus und der Tonkombinationen bewusst wird; (b) in der Anwendung, wenn ihre scheinbar magische Wirkung ihre Verbindung mit Festen und Kultriten nahelegt; (c) in der Charakterisierung, wenn sie auf einem eigenen Sockel steht und als menschliche Notwendigkeit erkannt wird, die perfekt an ihre Umgebung angepasst ist; und (d) in der Sozialisierung, wenn ihr Ziel als Mittel zur Selbstverwirklichung vollständig verstanden wird. Die Charakterisierung ist die Form, die Musik heute erreicht hat. Die Sozialisierung beginnt gerade erst und muss mit größerem Verständnis noch weiter entwickelt werden.

Auch in der musikalischen Evolution gab es eine ideomotorische Entwicklungsstufe. [18] Dieses kraftvolle, aggressive und beharrliche motorische Stadium zeigte sich in den groben Trommeln und anderen grob behauenen Instrumenten des frühen Menschen. In seinem geselligen, fantasievollen Aspekt hat es den Bedürfnissen des ideo-emotionalen Typs entsprochen. Das dogmatische emotionale Bedürfnis hat aus den Ressourcen dieses Typs die strengen musikalischen Produkte eines Meistergenies hervorgebracht. Finden wir heute nicht in Frankreich, Deutschland und im modernen Italien einen nationalen Rhythmus, der durch kritisch intellektuelle [19] Reize gestört wird, die wiederum kritisch intellektuelle Musik von höchster Komplexität hervorrufen? Musik ist sowohl eine soziale als auch eine sozialisierende Kraft, die, obwohl sie von der Gesellschaft geschaffen wird, auf ihren Schöpfer zurückwirkt.

Erkennen wir bei der Betrachtung der Stufen der musikalischen Evolution nicht einen konzertierten Willen? Zeigt der gemeine Ton nationaler Musikrichtungen nicht die konzertierte Akzeptanz dessen, was den nationalen Vorlieben und Bedürfnissen entspricht? Der Applaus, der den modernen Typ begründet, ist das äußere Zeichen einer inneren Absicht, dieses Produkt anzunehmen. *Dieser* Akzeptanz geht ein kühles und zurückhaltendes Urteil voraus . Jedes Publikum zeigt ähnliche Gefühle ähnlicher Individuen in dieser Einheit der Kritik, die so allgemein zur Schau gestellt wird. In diesem letzteren Fall nehmen wir tatsächlich deutlich jene reflektierte Sympathie wahr, die uns zeigt, wie ähnlich wir unserem Nächsten sind. Dann gibt es den Beweis organischer Sympathie, der belegt, dass die Vorliebe oder Abneigung gegen bestimmte Musik, je nachdem, wie die mittlere Bewegung oder der Rhythmus der musikalischen Klangschwingungen ist, einer ähnlichen Kombination von Bewegungen und Rhythmen in unseren eigenen Systemen entspricht. Und ist die Zuneigung zu einem Rhythmus, der unserem eigenen ähnlich ist, nicht stärker als unsere Zuneigung zu einem anderen? Kann ein dogmatisch-emotionaler [20] Typ eine echte Zuneigung zu Ragtime-Liedern empfinden oder ein aufrichtiges Bedürfnis danach verspüren? Konnte Italien zu Beginn des 19. Jahrhunderts Zuneigung für die Musik eines von Weber empfinden? Konnte Deutschland im Fieber des französisch-preußischen Emotionalismus Zuneigung für die Werke Verdis empfinden? Paris mochte Wagners Opern bis vor Kurzem nicht.

Damit dies nicht wie ein Versuch erscheint, die soziologische Terminologie auf ein anderes Gebiet als das eigene auszudehnen, lassen Sie uns unsere Untersuchung fortsetzen. Sogar im Übergang vom Homogenen zum Heterogenen weicht die Musik in ihren nationalen Teilen, obwohl sie wie die integrierten Teile des Körpers höchst heterogen sind, der gesellschaftlichen Leidenschaft für Homogenität. Darauf deutet die zunehmende Ähnlichkeit seiner Ideale hin. Sogar Italien strebt in seinem neuen Erwachen nach musikalischer Gleichheit mit den komplexesten modernen Idealen und verdeutlicht die Tendenz aller Ungleichheit zur endgültigen Gleichheit.

Die Musik, die den Bedürfnissen einer ethnischen Gesellschaft entsprach, konnte den gestörten Rhythmus politischer Gruppen unmöglich wiederherstellen. Das System der „Gentilfamilie" hat lange Zeit erfolgreich den Auswirkungen heterogener Bewegungsangriffe auf die ruhige Nervenstruktur durch eine seinen Bedürfnissen entsprechende Musik entgegengewirkt. Erst mit dem Zerfall des patriarchalischen Systems verlangten Gruppen nach Komplexität in der wiederherstellenden Kraft, der Musik.

Innere Störungen müssen im gesamten Clanleben selten gewesen sein, da die umgebenden Reize relativ homogen, einfach und diffus waren. Der Mensch der Altsteinzeit mit seiner unveränderlichen äußeren Umgebung hatte wenig Anlass für innere Störungen. Die leichten Störungen, unter denen er litt, wurden wahrscheinlich durch einfache rhythmische Kompositionen irgendeiner Art behoben: Sogar Babys erzeugen mit jedem verfügbaren Instrument einen ausgeprägten Klangrhythmus und zeigen echte Freude an dem, was uns als bloßes Geräusch erscheint.

Von nichtmenschlichen Wesen erzeugte Klänge sind bloße Entladungen überschüssiger Energie bei der Schaffung rhythmischer Reize und keine bewussten Klangkombinationen beim Singen. Musik ist ein „natürliches" Produkt der *menschlichen* Gesellschaft. Sie muss so alt sein wie jene Integrationen von Teilen des menschlichen Körpers, die zu Aggregaten aus Materie und Bewegung wurden, um mit neuen Reizen fertig zu werden, die mit den bereits vorhandenen Bewegungen kollidierten. Während der niederen, mittleren und höheren Wildheit [21] , sogar vor dem Beginn der Sprache, muss Musik vorhanden gewesen sein, wenn auch in ihrer einfachsten denkbaren Form. Musik hielt mit den vergleichsweise einfachen äußeren Reizen jeder Periode Schritt.

Mit dem Einsatz von Feuer und Pfeil und Bogen in der oberen Wildheit kam es zu einer neuen Heterogenität der Reize, die in den Organismus eindrangen; Störungen waren immer noch einfach, aber mit der Domestizierung von Tieren, mit der Kultivierung von Pflanzen durch Bewässerung, mit der Verwendung von Lehmziegeln und Steinen in der Architektur muss die Musik allmählich an Komplexität zugenommen haben, um mit den neuen Störungen der Körperbewegung fertig zu werden als Folge dieser Veränderungen in der Reaktion des Menschen auf seine Umwelt. Dann, mit der Verwendung von Eisen in der oberen Barbarei, begann die Musik erneut ihren notwendigen Nutzen zu entfalten, wie bei den griechischen Stämmen der homerischen Zeit und bei den germanischen Stämmen zur Zeit Caesars.

Zu dieser Zeit hatte die Musik die Stufen der „Wertschätzung" längst in die der „Nutzung" überführt. [22] Stark rhythmisch, trug es zur Wiederherstellung (eigentlich Neuschöpfung) des körperlichen Gleichgewichts bei! Es beruhigte intensive innere Bewegungen oder regte in Verbindung mit religiösen Riten eine nachlassende Zirkulation an. Aus Errungenschaften späterer Barbaren wie Poesie, Mythologie, schöne Tempelarchitektur, ummauerte Städte, Schiffbau, Weinherstellung, gewebte Stoffe, Geräte zum Mahlen von Mais, der Bergofen zum Schmelzen von Erzen und viele andere frühe mechanische Vorrichtungen, [23] Die Zivilisation entwickelte ihr phonetisches Alphabet und ihre literarischen Aufzeichnungen und schuf so die rhythmisch störenden Reize der Zivilisation. In der Zwischenzeit entwickelt sich die Familie bis zur Monogamie, und individuelle Eigentumsrechte läuten ein neues politisches System ein. Nachdem eine fortgeschrittene Form des kommunalen Lebens in befestigten Städten bereits das Ideal des zu schützenden Stadtschatzes geschaffen hatte, erfolgte schließlich der Schritt zu individuellen Eigentumsrechten, die sich von denen der Gens unterschieden.

Die Tatsache, dass Musik, wie wir sie zum ersten Mal kennenlernen, schon ziemlich komplex ist, ist nicht überraschend, wenn wir sie in Begriffen der Bewegung betrachten, die im Prinzip den Aufbau des menschlichen Körpers dupliziert. Letzterer kann auch in Begriffen der Bewegung betrachtet werden; denn was sind körperliche Organe anderes als Integrationen von Molekülen in Bewegung? Der Rhythmus eines körperlichen Organs ist wie eine Note, die aus periodischen Bewegungen besteht. [24] Die verschiedenen Organe mit unterschiedlichen Massen und Bewegungen, die zusammen unter einem Hauptrhythmus agieren, sind nur Akkorde verschiedener Noten, während dieser Durchschnitt der Durchschnitte, der Puls, den bestimmenden Rhythmus aller dieser zusammen registriert, wie dies die *Zeit* in der Musik tut .

Mit der Differenzierung der arischen Rasse von jenen Barbaren, die nicht aktiv neue Erfindungen machten und nutzten, ergaben sich gewisse Umgestaltungen der Körperbewegungen, die zwangsläufig alte Lebensgewohnheiten „störten". Da bereits ein künstlicher Rhythmus vorhanden war, genügte allein der Instinkt, um ihn anzuwenden. Die Wertschätzung von Musik würde in diesem Stadium nur die Befriedigung widerspiegeln, die man aus dem Hören rhythmischer Klänge zieht, die ausreichend variiert sind, um innere Bewegungen zu entfachen oder zu beruhigen, ohne sie zu weit von der Norm abzulenken. Das „Gens"-System, wie es in Griechenland, Rom und bei den amerikanischen Ureinwohnern, aber auch bei den irischen Stämmen und schottischen Clans zu finden ist, neigt dazu, komplexe Emotionen zu unterdrücken. Solche Gentes, die blutsverwandte Körper sind, vom selben gemeinsamen Vorfahren abstammen, einen Gentilnamen haben und durch tatsächliche oder fiktive Blutsbande zusammengehalten werden, waren kompakte Körper mit vergleichsweise einfachen Institutionen. Sie ähnelten primitiven Körperformen, die aus Bewegungen innerhalb einer äußeren Kruste bestanden und nur wenige ausgeprägte innere Integrationen aufwiesen.

Musik als einfacher, für das Ohr angenehmer Rhythmus würde alle Störungsbedürfnisse der damaligen Zeit erfüllen und wäre selbst eine bloße, in sich geschlossene Bewegung mit wenigen integrierten Teilen. Erst mit dem Beginn des „rationalen" Denkens oder der „Einfügung neuer Ideen zwischen Stimulation und der daraus resultierenden Muskelaktion" [25] führt eine solche Komplexität der mentalen Anstrengung zur Integration neuer Teile mit neuen Bewegungen, um der zusätzlichen Belastung gerecht zu werden .

FUSSNOTEN:

[17] Giddings' Descriptive and Historical Sociology, S. 186 bis 212.

[18] Giddings' Descriptive and Historical Sociology, S. 237.

[19] Auch als rationalistisch bekannt.

[20] Giddings, op. cit. S. 238-239.

[21] Morgan: Alte Völker.

[22] Giddings' Descriptive and Historical Sociology, S. 186 bis 212.

[23] Morgans alte Völker.

[24] Helmholtz, Sensations of Tone, Teil I, S. 8.

[25] Giddings' Descriptive and Historical Sociology, S. 346.

KAPITEL III.
GRUPPEN- UND INDIVIDUELLE REAKTION AUF MUSIK.

Eine kurze Aufzeichnung von Experimenten.

Musik beruhigt die menschliche Erregung. Wir glauben, dass genügend musikalische Schwingungen jede Erregung beruhigen, egal ob sie sich in abnormalen geistigen oder körperlichen Bewegungen äußert. Musik wirkt anders auf jene niederen Bewegungszustände, die durch das phlegmatische Temperament und ländliche Gemeinschaften repräsentiert werden. Hier erregt Musik mehr, als wenn sie mit aufgeregten Nervenbewegungen zusammentrifft. Diese beiden ausgeprägten Wirkungen der Musik wurden vom Autor in den folgenden Erfahrungen festgestellt, die sich über einen Zeitraum von vielen Jahren erstreckten, und zwar in allen Klassen, aus denen die zivilisierte Gruppe besteht:

Von Konzerten durch Kanada und den Westen der USA

Aus drei aufeinanderfolgenden Tourneen durch die baltische Provinz Russlands mit einem Publikum vom ideo-emotionalen und dogmatisch-emotionalen Typ.

Von Konzert- und Opernaufführungen in Deutschland und England.

Von Konzert- und Operntests in den östlichen Staaten der USA

Von Konzert- und Operntests unter den revolutionären Elementen von New York City, einschließlich Zeltleben auf Coney Island für fünf Monate, Sozialarbeit in der Lower East Side für fünf Jahre, Brooklyn Working Girl-Tests, Kirchen-, Politik- und Gesellschaftsstudien unter dem von ihnen repräsentierten tatsächlichen Publikum Klassen.

Bei diesen Tests wurden mehr als zweihunderttausend Menschen hinsichtlich der Wirkung von Musik beobachtet, und die Ergebnisse legten den folgenden Bedarf nahe, der nach Ansicht des Autors auf die Behandlung vieler Geisteskrankheiten ausgeweitet werden kann. Ungewöhnlich erhöhte oder ungewöhnlich verminderte körperliche Erregung oder innere Bewegung „braucht" rhythmische Reize durch stark erregte Bewegung, wie in der Musik; der *gleiche* Zustand hocherregter Bewegung im Körper reagiert auf den Reiz mit ruhigen Bewegungen; Die abnormal verringerte körperliche Erregung reagiert auf den *ungleichen* Reiz in den hocherregten Bewegungen der Musik in Erregung: Ein völlig normaler Körper „braucht" keine Musik (aber solche gibt es nicht).

(1) Diejenigen sozialen und individuellen Körper, die abnorme Erregungszustände aufweisen, „brauchen" den Kontakt mit einem Körper rhythmischer musikalischer Schwingung, der die durch die Erregung

dargestellte gestörte Bewegung beruhigt und ihr eine normale rhythmische Bewegung auferlegt.

(2) Diejenigen sozialen und individuellen Körper, die abnorme Phlegmazustände aufweisen, „brauchen" den Kontakt mit einem Körper rhythmischer, musikalischer Schwingung, der die Zustände geringer Bewegung *anregt* und der unterdurchschnittlichen Bewegung, die durch die phlegmatischen Zustände repräsentiert wird, eine normale rhythmische Bewegung auferlegt.

Die oben genannten Schlussfolgerungen basieren auf den folgenden Versuchstypen.

Experimente vom ideomotorischen zum ideoemotionalen Typ.

Da wir die Wirkung von Musik in Kombination mit Vorträgen politischer Natur unter den unteren Schichten der Bewohner von Coney Island ausprobieren wollten, stellten wir im Mai 1909 am Fuße des Ocean Parkway ein 60×90 Fuß großes Zelt auf; 600 Stühle, ein dekoriertes Podium, ein Flügel und bunte Flaggen aller Nationen wurden an den richtigen Stellen verteilt. Das Thema aller Vorträge war das *Frauenwahlrecht*, ein damals höchst unpopuläres Thema und für die Gemüter von Coney Island besonders abstoßend. Die vorherrschende Religion des Bezirks war der Katholizismus. Die erste Woche war den Vorträgen zum Frauenwahlrecht ohne Musik gewidmet. Jeden Abend füllten Menschenmengen den Boden unseres großen Zeltes, und von Anfang an spürten wir deutlich das Gemurmel, dass Ärger gemacht werden sollte. Unsere Redner waren Männer, die in der öffentlichen Gunst hoch standen, aber einer von ihnen machte die folgende unglückliche Bemerkung:

„Der Katholizismus ist der Fluch der Arbeiterklasse."

Dann stand ein Arbeiter auf und beschimpfte uns mit unvorteilhaften Schimpfwörtern, weil wir versuchten, den einzigen Segen des Arbeiters zu zerstören – seinen Glauben. Eine Frau weinte noch mehr Tränen um ihre geliebte Kirche und ein Sozialist goss Öl ins Feuer, indem er die Religion im Allgemeinen erbittert angriff. Bevor wir uns Gehör verschaffen konnten, kam es zu einer Schlägerei, die eine große Menschenmenge von draußen anzog. Mehrere Polizisten zerstreuten schließlich das aufgeregte Publikum. Unsere kaputten Stühle waren stumme Zeugen des Schadens, aber sie hatten nicht die Absicht aufzugeben. Die Gewissheit, dass am nächsten Abend ernsthafte Probleme auf uns zukommen würden, beschleunigte unsere Aufnahme von Musik in das Programm. Am Nachmittag nach unserem Missgeschick wurden wir von der Polizei informiert, dass sich Ärger für die „Zeltleute" zusammenbraute. Etwas beunruhigt betraten wir an diesem Abend das Zelt. Gegen acht Uhr hatte sich eine große Menge „Raufbolde" versammelt. Vier Polizisten bewachten den Eingang, aber viele sehr grob aussehende Männer krochen unter die Plane an den Seiten und warfen Bekannten wissende Blicke zu.

Unsere Künstler für dieses erste Programm waren sorgfältig ausgewählt worden: eine Sopranistin mit zarter Stimme und Persönlichkeit, ein genial aussehender Bariton, ein ausgezeichneter „Cellist", einer unserer bekanntesten Geiger und ein Pianist von Weltruf. Wir alle „hielten den Atem an" in Erwartung dessen, was passieren könnte. Der Redner begann. Sofort übertönten Pfiffe und Hupen ihre Stimme. Die Luft war erfüllt von üblen Schimpfwörtern. Plötzlich warf jemand einen Stein, der den Sprecher an der Wange traf. Die Gemeinheit der Beleidigung beruhigte die Menge und ein Beamter entfernte den Täter. Dann wurde das Volk in wenigen Worten gebeten, sich sein Urteil bis nach dem Musikprogramm aufzuheben.

Es wurde eine Trioaufführung für Violine, „Cello" und Klavier gegeben. Flüstern und aufgeregtes Gemurmel hielten während dieser langen Nummer an, doch als die Sopranistin die alte Liebesarie „Ah, fors' e lui" aus „La Traviata" von Verdi sang, herrschte plötzlich Stille im Publikum. Am Ende dieser gefühlvollen, melodischen und einfachen Arie brach ein Sturm des Applauses los. Es folgten Zugaben von Balladen, und als „The Last Rose of Summer" mit der emotionalen Zugabe einer echten roten Rose, deren Blütenblätter passend zum Text verstreut waren, aufgeführt wurde, weinten die Frauen und die Männer ließen sich mürrisch auf ihren Sitzen nieder. Die Reizung der vorangegangenen drei Tage war in weniger als einer Stunde musikalischer Behandlung auf normale rhythmische Bewegungen reduziert worden. Der Rest des Abends war in jeder Hinsicht ein Erfolg.

Dies war kein einzigartiges Erlebnis. Musiklose Vorträge hatten immer eine erregendere Wirkung als solche, die mit Musik verbunden waren. Die Ergebnisse unserer Kombination waren so sicher, dass wir noch vor Ende des Sommers alle „Ansichten" mit Mob-Elementen diskutieren konnten, indem wir ein spannendes Thema mit einer künstlerisch umgesetzten Musikauswahl abwechselten. Bei jedem Schritt bewies die Musik ihre beruhigende Kraft und zeigte, wie groß das menschliche Bedürfnis nach ihrer Schwingungsmission ist.

Fälle einer ähnlichen Wirkung von Musik auf die geistige Erregung wurden in anderen Situationen beobachtet. Bei einer Fahrt über den Atlantik auf dem alten Schiff „Trava" kam es während eines schweren Sturms zu einem gefährlichen Unfall. Es drohte Panik. Der Erste Offizier flüsterte dem Autor zu, er solle ein Lied singen. Sie begann die Nationalhymnen und forderte die Passagiere auf, durch Mitstimmen ihren Patriotismus und ihre Nationalität zum Ausdruck zu bringen. Zuerst brachte das „Star Spangled Banner" ein paar Stimmen hervor, dann ließ die „Wacht am Rhein" den Refrain anschwellen; Dann wurde auf die „Marseillaise" reagiert, und als „The Wearing of the Green" einen lustvollen irischen Brogue hervorbrachte, ging ein solches Gelächter durch den Speisesaal, dass die Anspannung völlig durchbrach und die normale rhythmische Pulsbewegung wiederhergestellt wurde.

Die Nervenspannung während Streiks wurde durch musikalische „Vorteile" mehrmals gemildert. Gefährliche Aufregung bei politischen Versammlungen verwandelte sich oft in harmlose Emotionalität bei Abenden mit Komödien-Opern des 18. Jahrhunderts auf der East Side von Manhattan. Die Gründung des Working Girls Club in Brooklyn im Jahr 1912 bot eine ausgezeichnete Gelegenheit, die belebende Wirkung von Musik auf müde Gehirne und Körper zu testen. Einhundertvierzig junge und gesunde Arbeiterinnen aus Kaufhäusern, Telefonbüros und Fabriken nutzten das für sie vorgesehene Clubhaus und zeigten zunächst Freude und Nutzen aus den angebotenen Kursen. Doch bald machte sich eine deprimierende Müdigkeit bemerkbar, ein Ausdruck von „Lernversuchen", der wenig energische Anwendung versprach. Der Jurakurs schrumpfte auf zwei Mitglieder; der Hutmacherkurs konnte nicht mehr als sechs Schüler anziehen, der Kochkurs begann mit 35 und endete mit vier, der Schneiderkurs hatte nur drei Schüler: Der Kurs in einfacher Wissenschaft war nicht attraktiv, der Sprachunterricht begann gut, aber die Mädchen waren zu müde zum Lernen. Schließlich gaben wir ihnen, was sie wollten und brauchten – Musik. Welch eine Veränderung in der geistigen Einstellung! Montags, mittwochs und freitags wurde abends Gesang im Chor und einzeln unterrichtet. Drei Stunden Musik verjagten alle Spuren von Müdigkeit, und funkelnde Augen und rosige Wangen zeigten erneut, wie sehr sie Musik brauchten. Während des gesamten Jahres 1912/13 wurde zwölf Monate lang die Oper „Martha" von Flotow geprobt, und nie gab es Anlass, sich über schlechte Besucherzahlen, nachlassende Aufmerksamkeit oder mangelndes Interesse zu beschweren. Im Frühjahr 1913 fand im Labor Lyceum in Brooklyn eine öffentliche Aufführung statt. Trotz langer Arbeitstage machten die Mädchen der Arbeit ihrer Leiterinnen bei der Ausbildung große Ehre.

Wenn wir uns einzelnen Experimenten zuwenden, fällt uns ein Beispiel für die seltsam normalisierende Wirkung von Musik auf abnormale Nervenzustände ein. Eine vor kurzem verstorbene, edel gesinnte Frau widmete ihr Leben der Sittig Christmas Tree Celebration, die jährlich etwa 7.000 armen Kindern Brooklyns ein Weihnachtsfestmahl mit Geschenken, Süßigkeiten, Büchern und Unterhaltung bescherte. Sie war so taub, dass sie selbst mit Hilfe elektrischer Geräte nur mit großer Mühe hören konnte. Dennoch konnte sie leise gesprochene Worte hören, *vorausgesetzt, der Sprecher spielte während des Gesprächs leise auf dem Klavier*. „Ich brauche keine künstliche Hilfe, um einen für ein normales Ohr hörbaren Ton zu hören, während

Musik in der Luft liegt", erzählte sie uns einmal. Eine andere Frau, die unter ständigem Zittern der Hände litt, wurde während einer Kutsche vollkommen ruhig und normal in ihren Handlungen. Auf unsere Frage nach dem Grund für dieses Phänomen antwortete sie: „Das Geräusch der Kutschenräder löst sich in regelmäßige ‚Schläge' auf, die ich unweigerlich nachzuahmen versuche." Möglicherweise ist dies nur ein weiteres Beispiel für das „Bedürfnis" gestörter oder unrhythmischer Bewegungen nach „regelmäßigem Takt" oder rhythmischen Bewegungen. Ein Freund in Berlin war schwerhörig, hörte aber dennoch das leiseste Flüstern am Telefon. Seine ähnliche Normalität beim Musikhören brachte den Autor auf die Idee, alle rhythmisch zusammenwirkenden Schwingungen, die ein *kontinuierliches Gefühl* im Ohr erzeugen, unter dem Namen musikalische rhythmische Schwingungen zu klassifizieren. Dies würde den Bereich des musikalischen Bedürfnisses auf viele hochaktive Bewegungen ausdehnen, die im Allgemeinen nicht unter den Begriff „Musik" fallen. Telefone, Geräusche von Eisenbahnbewegungen, das Stöhnen des Windes, das kontinuierliche Rauschen der Wellen erzeugen tatsächlich Ergebnisse, die denen bei der Anwendung von Musik seltsam ähnlich sind. Aufgeregt reagierende Menschen in Badeorten ruhiger und in abgelegenen Bergregionen unruhig. Wir haben die Typen von Menschen in Badeorten in Europa und Amerika genau beobachtet. Überall herrscht derselbe Typ vor. Es ist das nervöse Temperament, das die „nervöse" Atmosphäre braucht und sucht. Wir haben ähnliche Fälle bei nervösen Universitätsstudenten beobachtet, die in der Straßenbahn am besten lernen und sich den Stoff merken.

Ideo-emotionale Gruppen.

Nach unserer deutschen Erfahrung schien die Musik, die die größte Resonanz hervorrief, jene zu sein, die emotionale Bilder in den Geist einprägte. Schumanns Lieder sind von dieser Art: Sie sind voller ritterlicher Beispiele, Suggestionen, Symbole, Schibboleths und neigen dazu, emotionale Reaktionen hervorzurufen. In den häuslichen Kreisen wird das Gefühl in der Musik stark zum Ausdruck gebracht. Kein echter Deutscher wird Ihnen erlauben, Ihren Platz am Klavier mit einem Band Beethovens Sonaten zu erhöhen. In einem loyalen deutschen Haus können Sie nicht auf Beethoven sitzen.

Sogar das Publikum großer Opern in Deutschland zeigt weiterhin eine Vorliebe für jene musikalischen Ideen, die Emotionen wecken, statt ein kühles kritisches Urteilsvermögen. Die einfachen Kinderlieder sind ein Garant für Emotionen, und unerwiderte Liebe, die romantischen Leiden eines gottgleichen Helden oder die zarten Texte sentimentaler Balladen sind heute genauso wirkungsvoll wie eh und je. Das russische Publikum reagiert noch immer stärker auf das emotionale Element der Musik, aber sein Temperament ist stark ideomotorisch geprägt.

In ganz Kanada und im Westen der USA weckt die ideo-emotionale Musik die schnellste Reaktion. Alte Balladen wie „Coming Through the Rye", „Home Sweet Home" und „Annie Laurie" werden während der Präludien mit Applaus bedacht, und nur in der kompliziertesten Umgebung gibt es eine echte Reaktion auf die relativ komplizierten Werke Wagners.

Bei einem Probekonzert mit den Steinmetze-Italienern in Wappingers Falls, NY, waren die heimwehkranken Italiener von „Santa Lucia" so berührt, dass sie alle die Augen schlossen und mit dem Sänger sangen, wobei sie beim Singen weinten. Es wurde berichtet, dass es für eine Frau gefährlich sei, allein unter diese Männer zu gehen, aber sie sangen ein Lied nach dem anderen für uns und begleiteten sie fünf Meilen zum Bahnhof. [26]

Dogmatisch-emotionale Typen.

Die griechische Kirchenmusik und die Musik der katholischen Kirche wirken besonders auf den dogmatisch-emotionalen Typ. Für Amerikaner ist es ein merkwürdiger Anblick, russische Bauern und Beamte in den Bahnhöfen vor groben Altären und reich vergoldeten Bildern beten zu sehen. Die immer brennenden Kerzen suggerieren die Stärke jenes Befehls, jener Autorität, jenes Dogmas, jenes Glaubens, der so schwer auf den russischen Gemütern lastet. Unter einer solchen Last muss die Art der Musik in den eingeschränkten Bereich des Verständnisses fallen, der diesem Gemütstypus zugestanden wird. Doch diese erzwungene Religion wirkt sich nicht strenger auf die Wahl der Musik in Russland aus als der freie Dogmatikalismus, den man in Ocean Grove, New Jersey, sieht. Hier finden Sie eine Reaktion auf denselben Musiktyp, der das russische Publikum dogmatisch-emotionaler Art zufriedenstellte. Die Einwohner von Ocean Grove beten nicht in öffentlichen Bahnhöfen, aber sonntags fährt kein Wagen; am Sabbat liefern keine Wagen Güter aus; die Regeln, die das Verhalten und die musikalische Produktion in Russland bestimmen, werden nicht strenger befolgt als jene, die die sonntägliche Unterhaltung in Ocean Grove missbilligen oder deren musikalisches Angebot diktieren. Merkwürdigerweise ist das katholische Element bei seiner „Entweihung" des Sabbats offener als das protestantische Element. Dies kann durch den größeren Grad ideomotorischer Aktivität in katholischen Gruppen erklärt werden, ungeachtet der starken Bindung der Kirche an die Treue ihrer Mitglieder.

Die dogmatisch-emotionalen Gruppen „brauchen" eine Musik, die ihrem Typus entspricht, und nur solche Musik ist bei ihnen erfolgreich. Viele Jahre in kirchlichen Kreisen haben uns den wahren Wunsch oder „Bedürfnis" von Hymnen und geistlichen Liedern als Befriedigung der Sehnsüchte dieses Typs bewiesen.

Die rationalistische Gruppe.

Nun kommen wir zu einer Klasse mit vergleichsweise wenigen Vertretern. Es stellt eine nähere Annäherung an die Symmetrie in seiner Kurve der geistigen und körperlichen Ausgeglichenheit dar. Es reagiert auf Reize, die durch Wissen die höheren intellektuellen Prozesse ansprechen. Ideale sind stärker als ihre physischen Manifestationen; die Idee ist wichtiger als das Modell; der Typ wird weniger von gewöhnlichen Reizen beeinflusst; es zieht sich in Kontemplation zurück, in eine kühlere Untersuchung seiner eigenen Reaktionen; Es sucht nach Nahrung für geistige Arbeit und Zeit für eine detaillierte Analyse dieser Arbeit. All dies bedeutet ein normaleres Gleichgewicht zwischen Phasen hoher Bewegung und Ruhe; Dies bedeutet, dass bei diesem Typ eine geringere Wahrscheinlichkeit einer „Störung" und folglich ein geringerer „Bedarf" an *rhythmischer* Musik besteht . Die Problemoper wird es befriedigen. Da sie einen ausgeprägten Rhythmus weniger benötigen, wird die Analyse neuer Musikformen diese Köpfe beschäftigen, unabhängig davon, ob rhythmische oder harmonische Effekte fehlen. Die Kleinheit der rationalistischen Gruppe wird durch die Unbeliebtheit rationalistischer Kompositionen deutlich. Operndirektionen produzieren die neuen „rationalistischen" Werke, aber sie gleichen ihre finanziellen Verluste durch ideo-emotionale Werke wie Faust, Carmen, Cavaleria Rusticana, Madam Butterfly und die meisten beliebten Werke des populären Opernrepertoires aus.

Wir sehen also, dass Musik, wenn sie ein menschliches Bedürfnis ist, bei den ideomotorischen und ideoemotionalen Typen oder vor allem bei den unteren und mittleren Schichten am größten ist. Der dogmatisch-emotionale Typ braucht eine eigene Musik und versäumt es nie, sie zu produzieren. Der rationalistische Typ braucht auch seine Musik, weil sein Rationalismus noch nicht zu einer absoluten Perfektion des Gleichgewichts zwischen Zerstreuung und Integration der Körperkräfte gelangt ist, und wo immer eine Abnormalität des Pulses besteht, ist ein musikalischer Rhythmus „notwendig". Selbst wenn diese Theorie des musikalischen Bedürfnisses nicht anerkannt würde, wäre die echte Liebe zur Musik ein Bedürfnis. Eine so intensive, unbefriedigte Sehnsucht kann dem menschlichen System nicht förderlich sein. Ob wir Musik als notwendigen Teil des menschlichen Vergnügens oder als notwendigen Stimulus für den menschlichen Rhythmus körperlicher Bewegungen anerkennen, ihr „Bedürfnis" lässt sich angesichts ihrer ständigen Nachfrage und ihres Angebots kaum leugnen. Musik stärkt die menschliche Energie, hilft bei der Kontrolle und Ordnung des Geistes, steigert die Lebensauffassung und verschafft den überreizten Nerven städtischer Gemeinschaften Ruhe. Wenn man die Musik dann dort platziert, wo man will, gehört sie zu den „besseren Materialien zur Speicherung, Übertragung und Umwandlung von Energie" [27], und ihre kluge Anwendung kann zu überraschenden Ergebnissen bei der Erhaltung von Fähigkeiten führen, die jetzt nach dem Gesetz des Verfalls zum Verfall verurteilt sind kehrt zurück.

Der Autor geht davon aus, dass es durch den Genuss der Musik zu einer Veränderung der Körpermoleküle kommt. Die Veränderung der Pulsfrequenz vor und nach einer musikalischen Darbietung weist auf eine Auswirkung auf den Kreislauf hin. Die gleiche Zeit, die man mit dem Zuhören einer Vorlesung verbringt, zeigt weniger Spannungsfreiheit. Dies wurde in den 84 Experimenten mit berufstätigen Mädchen gezeigt. Die 103 Nutzentests an revolutionären Zuhörern zeigten deutliche Auswirkungen auf die Beruhigungskraft: Zehn Jahre Erfahrung in Kirchenchören zeigten die enorme Überlegenheit des Gottesdienstes mit Musik gegenüber dem Gottesdienst ohne Musik, wenn es darum ging, aufgeregte Gemeinden zu beruhigen und phlegmatische zu wecken; Einundneunzig aufeinanderfolgende Experimente auf Coney Island haben gezeigt, dass Musik Aufstände beruhigen und Ärger in Ruhe verwandeln kann; Über dreihundert Konzertstudien in Russland und den Vereinigten Staaten haben eine deutliche Steigerung der Normalität des Ausdrucks im Publikum gezeigt, nachdem ein Abend voller Musik und zwölf Jahre Erfahrung im Musikunterricht so deutliche Ergebnisse zu mehr Gesundheit und Glück gezeigt haben Schüler, dass Musik als menschliches „Bedürfnis" für uns zweifelsfrei etabliert erscheint.

Die Bundesregierung unserer Vereinigten Staaten ist möglicherweise aufgrund ihrer Verfassung nicht in der Lage, Musikschulen einzurichten, aber die Bundesstaaten sollten beginnen, staatliche Musikschulen stärker in Betracht zu ziehen. Wenn die US-Regierung verfassungsmäßig nicht in der Lage ist, nationale Musikschulen zu unterhalten, wäre jeder Vergleich mit europäischen Regierungen, die durch ihre Verfassungen dazu berechtigt sind, ungerecht und irreführend. Die angegebenen Statistiken sollen lediglich zeigen, was die verschiedenen Regierungen im Hinblick auf die nationale Förderung der Musikkultur tun, und es wird kein Vergleich versucht. Unsere Bundesstaaten und Städte geben enorme Summen für Musik aus. Der Autor vertritt jedoch die Ansicht, dass staatliche Musikhochschulen keine nationale Musik hervorbringen werden und dass das höchste Ideal in einer föderalen Kontrolle der Musikkultur liegt. Wenn Musik als nationales Bedürfnis und nicht nur als soziale Abwechslung betrachtet werden kann, könnte die Bundesregierung einen Weg zu einer föderalen Förderung der Musikausbildung finden. Musik als wichtige Maßnahme zur sozialen Kontrolle und als ebenso wichtiger Faktor für die Gesundheit des Einzelnen gehört unter die Aufsicht des Staatsoberhaupts. In der schwachen Hoffnung, dass der Musik irgendwann dieser Platz eingeräumt wird, legen wir diese Arbeit vor.

[26] Während der Woche war von einem Mitglied dieser Gruppe ein grausamer Mord begangen worden, und der Missionsleiter warnte uns per Telegramm vor ernsthafter Revolte und Gefahr.

[27] Das „Gesetz der steigenden und abnehmenden Erträge" von Professor Giddings würde hier wie anderswo gelten.

KAPITEL IV.
TONEUROLOGIE: EIN NEUER STUDIENZWEIG.

Die Menschheit muss dann ihren Puls in einem System rhythmischer Stimulation und Ruhe zur Verteilung aufrechterhalten. Dies kann am besten durch eine stärkere Ausübung der emotionalen Natur und durch die Hingabe romantischer Ideale erreicht werden, denn Emotionen heben den Puls und bringen die stagnierenden Lebensbewegungen in einen normalen Durchschnittsrhythmus. Der Mann oder die Nation, deren Puls am beständigsten auf dem Normalwert gehalten wird, ist der Mann oder die Nation, die die besten Ergebnisse erzielt. Unsere vier Länderbeispiele England, Frankreich, Deutschland und Italien veranschaulichen diese emotionalen Produkte. Deutschland ist führend in der Qualität seiner musikalischen (oder emotionalen) Leistungen, weil es im Laufe des Jahrhunderts in seinen Leiden, vorbereitet durch so viele herzzerreißende Erfahrungen im vorangegangenen Jahrhundert, führend war. Als nächstes kommt Frankreich. Ihre nationalen Emotionen wurden in tragischen Elementen geschwächt durch die Liebe zum Spektakulären, durch das intellektuelle Bedürfnis nach lebendigen Bildern und Farben und durch die Durchsetzungskraft und den Stolz einer angestammten Vormachtstellung, die sich nur schwer dem Zustand zärtlicher Romantik und herzzerreißender Tragödie unterwerfen lässt. was das starke und sentimentale Temperament Deutschlands kennzeichnete. Nach Frankreich kommt Italien, emotional, poetisch, fröhlich, das aus der Tragödie eine Farce macht, weil das Leben seines Jahrhunderts so wenig nationale Traurigkeit hervorgerufen hat. Erst in den letzten Jahren hat man gespürt, dass der mittlere Rhythmus Deutschlands dem mittleren Rhythmus einer beliebigen Nation, sogar Italiens, ähneln kann, wenn die Tiefen oder Bewegungen so erklingen wie in Deutschland. England bildet das Schlusslicht, der Durchschnittsrhythmus seines Jahrhunderts liegt weit unter der Höchstmarke. Dies zeigen die zarten Komödien und der naive Sentimentalismus ihrer Musik, die den passenden Gradmesser für ihren nationalen Pulsschlag an Emotionalität darstellen.

Musik als menschliches Bedürfnis führt uns tief in die Geheimnisse des Lebens und wird mit der Zeit den Weg für eine neue Wissenschaft ebnen. Musik ist nicht der Name für diesen neuen Wissenszweig, da die Studie eine umfassende Untersuchung nervöser Reaktionen in ihren sozialen und individuellen Beziehungen zu Schallschwingungen beinhalten würde. Wir würden den Namen „Toneurologie" vorschlagen, da Ton in allen modernen Sprachen verstanden wird und „Neuros" den gleichen Vorteil hat. Diese Studie würde Forschung in völlig neue Richtungen beinhalten, beispielsweise eine Untersuchung von Bewegungen in Körperorganen; mathematische Schätzung des Schwingungswertes jedes Pulsschlages und der Summen der

Tonschwingungen in Akkorden, auf einem Instrument und auf mehreren, wie in einem Orchester; die Geschwindigkeit der Zunahme oder Abnahme des Pulses nach Kontakt mit der Tonkraft, mit ungefährer Berechnung der Zeit, die letztere einen normalen Puls aufrechterhalten kann, und der notwendigen Häufigkeit ihrer Anwendung. Der Forschungsstudent in dieser neuen Wissenschaft muss über praktische Kenntnisse in Physik, Biologie, Psychologie, Soziologie, Harmonielehre, Kontrapunkt, Musikgeschichte, politischer Geschichte und Physiologie sowie über eine neue Untersuchung des menschlichen Willens verfügen. Wir sollten daher der Gruppe der exakten konkreten Wissenschaften eine neue Wissenschaft hinzufügen.

Wir schlagen dies nicht ohne Zurückhaltung als neuen Studienzweig vor. Es gibt Anzeichen dafür, dass Universitäten, die Musik in ihr Studienangebot aufnehmen, die Notwendigkeit erkennen, die Musik enger mit wissenschaftlichen Kursen zu verbinden. Wenn die Musik jemals aus ihren Windeln sentimentaler und frivoler Oberflächlichkeit und ihrem reinen Unterhaltungskonzept herauswachsen soll, muss sie ihre wissenschaftliche Würde und ihre untrennbare Verbindung mit Physik, Soziologie, Biologie und Psychologie klar zum Ausdruck bringen. Sie muss ihren Platz unter jenen Studien einnehmen, die wissenschaftliche Tests und lebenslange Forschung fördern. Sie muss ihren bisherigen „göttlichen Aspekt" auf dem Müllhaufen zurücklassen, zusammen mit dem „Gottesgnadentum" der Könige, der Magie, der Ahnenverehrung und den Geistertheorien. Wir glauben, dass in der Toneurologie einige Geheimnisse der Lebenserhaltung zu finden sind.

Die merkwürdige Wirkung von Musik auf Gruppen deutet auf ein mögliches Gegenstück zu einer solchen Reaktion auf Einzelpersonen hin. Wenn Musik einmal als Bewegung betrachtet wird und die Bewegungsgesetze ebenfalls auf die körperlichen Integrationen angewendet werden, öffnet sich der Weg klar und wahr.

Die Tatsache, dass Menschen trotz aller großen wissenschaftlichen Entdeckungen mit zunehmendem Alter verhärten und verblassen, ist ein Beweis dafür, dass der menschliche Körper von keinem oder allen von ihnen vollständig vorgestellt wurde. Wir bieten hier eine Studie an, die viele der abstrakten und konkreten Wissenschaften umfasst, aber auf eine neue Kombination, *nämlich* Ton und Nerv, ausgerichtet ist, die anhand der Gesetze der Bewegung statt nach den Gesetzen der Wahrnehmung und Wertschätzung getestet und quantitativ gemessen werden muss. Wir nehmen die Musik ganz aus dem Bereich der Ideale heraus und stellen sie auf eine Ebene mit Rhythmusgebern, Einfallskräften und Impulsfüllern. Unsere Statistiken [28] zeigen die unterbewusste Wertschätzung der Musik als menschliches Bedürfnis durch die vertretenen Länder, und diese Regierungen weisen einen größeren Anteil interner Unruhen auf, wenn die musikalische Versorgung gering ist. Obwohl dieser Test als Richtwert dient, ist er alles andere als zufriedenstellend, da noch keine ausreichenden Vorkehrungen getroffen wurden, um ständig auf die Lebenskräfte einzuwirken.

FUßNOTEN:

[28] Siehe Seite 102 .

TEIL II.

DIE WECHSELWIRKUNGEN ZWISCHEN MUSIK UND NATIONALEM LEBEN.

Einführung zu den Kapiteln V-VII.

Die folgenden Darstellungen der Musikproduktionen des 19. Jahrhunderts in Italien, England, Deutschland, Frankreich und den Vereinigten Staaten sollen zeigen, wie genau sich die Tiefe und Art der Unruhen anhand der Musik jedes Landes messen lassen. Jeder Musiktyp spiegelt das „Bedürfnis" der betreffenden Nation wider und ist dem Charakter jeder menschlichen Gruppe eigen.

Die Statistiken, die wir erhalten haben und die wir später in dieser Arbeit präsentieren [29] , zeigen nicht nur, in welchem Ausmaß Musik heute von verschiedenen Nationen in ihrem Nutzen wahrgenommen wird, sondern auch, welchen Schutz diese bis dahin missverstandene Kraft genießt. In der heutigen Zeit allgemeiner Bildung kann vorausgesetzt werden, dass der Leser mit den Grundzügen der politischen und wirtschaftlichen Geschichte dieser Völker vertraut ist. Die Musik jeder Nation spiegelt die nationalen Emotionen, die sich aus den nationalen Reizen ergeben, genau wider.

FUßNOTEN:

[29] Die diesen Schlussfolgerungen zugrunde liegenden Statistiken finden sich in den Anhängen C und E.

KAPITEL V.
ITALIEN (1800-1913).

Nationalmusik ist die Sprache nationaler Emotionen. Letzteres ist das Ergebnis und die Widerspiegelung wirtschaftlicher Impulse. Die Musik einer Zeit weist zu jedem Zeitpunkt der Wirtschaftsgeschichte die Merkmale nationaler Unruhen auf.

Italien, das einer viel leichteren Form von Reizen ausgesetzt ist als England oder Deutschland, hat noch nicht aufgehört, seine kurzfristige Erregbarkeit, seine Liebe zum bloß Sinnlichen in der Schönheit zu offenbaren, was zeigt, dass die alten intensiven Störungen seiner wirklichen Tiefen dies nicht getan haben wurde in letzter Zeit wiederholt.

Der Zeitraum von 1800 bis 1848 stellt einen Geisteszustand dar, in dem es kaum Störungen gab, da die italienische Gesellschaft noch nicht aus ihrer Unterwürfigkeit und Untätigkeit des 18. Jahrhunderts erwacht war. Es wird interessant sein, die Emotionen dieser Zeit und ihren Ausdruck in der Musik zu analysieren.

War die Tragödie der dominierende Faktor im Wirtschaftsleben? Nein. Der soziale Druck dieser Zeit war leicht, ja sogar fröhlich, mit der Leichtigkeit des trägen Vergnügens in einem anspruchslosen Geist. Die Neugier war erwacht, aber sie befand sich noch in ihrem Wunderstadium und reagierte langsam auf Hinweise, die sie vom Zynismus Frankreichs, von der Macht der Arbeiterideen Englands und von der Respektlosigkeit gegenüber der päpstlichen Autorität aus Deutschland erhielt. Wie ein Spiegel für die Widerspiegelung der scharfen, aber oberflächlichen Emotionen, die diese Reize hervorriefen, waren die musikalischen Werke Rossinis die Ventile für die Emotionen der Öffentlichkeit. Der „Barbier von Sevilla" mit seinem hexerischen Humor, seiner feinen Satire, seinen politischen Anspielungen und seinen Porträts des Lebens der Nation war eine ständige Quelle der Freude für das unreflektierte italienische Denken. Rossinis Geschick in der Opera buffa war bemerkenswert. Für die Partei des katholischen Glaubens komponierte er sein „Stabat Mater", das ebenso schön war, aber selbst in diesen ernsteren Ventilen für Emotionen jene oberflächlichen Formen darstellte, in die das öffentliche Denken gegossen wurde. Die Werke Donizettis waren nicht weniger bezaubernd und nicht weniger trivial, während der sanfte und sentimentale Charakter von Bellinis Genie in jedem italienischen Ideal seinen Widerhall fand. In „Norma" fehlte es nicht an dramatischer Leidenschaft, aber selbst die Atmosphäre dieses flüchtigen Blicks auf die zukünftige Tiefe des italienischen Emotionalismus war nie ganz frei von den schwachen Zügen von Bellinis Schule. Die Oper verlangte außergewöhnlichen Gesang und die Darbietung der Stimmtechnik war bemerkenswert. Dies war jedoch in der Komödienoper nicht fehl am Platz, wo die Tiefe der Gefühle nie das moderne, lächerliche Schauspiel von vokalisierten Herzbrüchen, melodischen Morden und Todeskeuchen auf festgelegten Tonhöhen erreichte. Die übertriebenen Orchestrierungen der heutigen Opern, das sinnlose Heulen einer einzelnen Stimme über den vereinten Schwingungen von hundert oder mehr aktiven Instrumenten, die absurde Idee tiefer *vokaler Leidenschaft hatten die ursprüngliche Idee der Oper noch nicht verzerrt, die noch immer im* wahren Bereich ihrer Wirksamkeit lag , nämlich der Darstellung des Schönen, des Fröhlichen, des Pathos, des Komischen. Die Vorherrschaft der menschlichen Stimme als Ausdrucksmittel wurde durch den abnormen Geschmack unserer Zeit in keiner Weise gefährdet. Gegen Mitte des 19. Jahrhunderts, als der Zeitgeist an Intensität zunahm, erregten Opern ernsteren Charakters die Aufmerksamkeit des Publikums. Donizettis „Lucrezia Borgia" wurde 1844 aufgeführt, nach mehreren anderen dramatischen Werken, darunter Rossinis „Wilhelm Tell" und „Othello", die von wirklich dramatischer Kraft waren.

Mehrere Jahrhunderte lang übte der Staat die Kontrolle über die musikalische Ausbildung in Italien aus. In Rom gab es seit frühester Zeit Musikinstitute. Musik wurde eher als Notwendigkeit denn als Luxus angesehen. Dies wird auch die Haltung gegenüber der Musik in der Zukunft sein, wenn Psychologen und Soziologen die Beziehungen zwischen künstlich erzeugtem Rhythmus und Körperrhythmus sowie die Notwendigkeit der Wiederherstellung gestörter Körperrhythmen, die sich in einem abnormalen Puls während emotionaler Gemütszustände äußern, eingehender untersucht haben.

Im 18. Jahrhundert hatte jede größere Stadt Italiens ihr eigenes Opernhaus, und man kann nicht abschätzen, in welchem Ausmaß diese Ventile zur Unterdrückung der Bevölkerung beitrugen.

Würde die Musik heute aus irgendeinem der zivilisierten Länder verbannt, könnte es sehr bald zu Anarchie kommen. Wer kann sagen, dass die rasende Zügellosigkeit, die auf Cromwells Unterdrückung des musikalischen Genusses folgte, nicht teilweise auf das Schließen der Gefühlsventile Englands zurückzuführen war?

Die gegenwärtige Begeisterung für die gewalttätigen Aktionstänze, dargestellt im Truthahntrott und im Tango, ist nach Ansicht des Autors ein natürlicher Ausdruck des menschlichen Bedürfnisses nach ausgeprägtem Rhythmus. Es ist eine unterbewusste Anstrengung, den Mangel an ausgeprägten rhythmischen Reizen im Wirtschaftsleben auszugleichen. Die neuere Tendenz in der Musikkomposition ging auch weg vom alten rhythmischen Akzent und hin zu gestörten Harmonien und einem Mangel an erholsamen

Melodien. Dadurch wurden die überreizten Nerven der Menschheit einer unkontrollierten Abnormalität ihrer Bewegungen ausgesetzt. Die oben erwähnten Tänze beseitigen teilweise diesen Mangel in der körperlichen Aktivität und stellen das relative Gleichgewicht wieder her – daher die Begeisterung für diese Form der Unterhaltung. Beachten Sie jedoch, dass die Menschen *ohne die Musik* keinen Moment lang an einem dieser Tänze teilnehmen werden . Die Bewegung allein ist nicht die Notwendigkeit; Der Hauptfaktor ist die Musik, deren Rhythmus durch die Bewegungen lediglich akzentuiert und betont wird. Diese Tänze retten möglicherweise den Verstand von Tausenden. Warum dann das vorgeschlagene Verbot dieses menschlichen Bedürfnisses? Wenn diese Tanzformen nicht wünschenswert sind, dann beseitigen Sie die gegenwärtigen musikalischen Abscheulichkeiten und machen Sie Melodie und vor allem *ausgeprägten Rhythmus* für die Massen zugänglich.

Wir werden nun den Faden des italienischen Musiklebens im Jahr 1848 aufgreifen, als der soziale Druck eine dunklere Färbung annahm, die selbst in seinen kurzlebigen Schrecken akut war, wie es sich für das italienische Temperament gehört. Dieses Temperament muss, anders als das Deutschland unter tragischen Bedingungen, entweder in Verzweiflung sterben oder sich schnell erholen. Es ist immer in kurzen Passagen zwischen Schluchzen und Scherz, immer in feurigen Momenten und fröhlichen halben Stunden, immer kindlich im Herzen und doch wunderbar begabt, schönheitsliebend und sentimental. Italien erlebt vielleicht keinen „Dreißigjährigen Krieg“, aber mit der Inspiration der richtigen Führer könnte es unter dem kraftvollen Ansporn oft entfachter Begeisterungsausbrüche eine neue Römische Republik schaffen.

Die anstrengenden Jahre von 1848 bis 1860 haben den italienischen Geist ausreichend geweckt, um vieles hervorzubringen, was sich seitdem zum Ruhm des Landes entwickelt hat. In den italienischen Idealen war ein tieferer Ton angeschlagen worden, wenn auch nicht tief genug, um den Geschmack der Nation für diese alten Musikformen, die im Wesentlichen ein Teil der melodieliebenden Rasse sind, vollständig zu revolutionieren.

Noch immer überschattete die Tragödie die öffentliche Meinung, und Verdi schilderte diese düsteren Jahre in den Opern „Rigoletto“ (1851), „La Traviata“ (1853), „Il Trovatore“ (1853) und „Aida“ (1871). Verdi war das Idol des Volkes, weil sein Genie in die Bedingungen seiner Zeit passte und die Theorie der vorliegenden Untersuchung veranschaulichte.

Die Unwissenheit der Italiener, Patrizier und Bauern gleichermaßen, führte dazu, dass die wirklich großen literarischen Werke Italiens im 19. Jahrhundert nicht in der Lage waren, nationale und zeitgenössische Reaktionen hervorzurufen. In jüngster Zeit jedoch kam durch die Gründung der öffentlichen Schulen ein neuer pädagogischer Impuls. Dies wird die Stimuli im italienischen Nervensystem zweifellos stark steigern, und das italienische Bedürfnis nach einer entsprechenden Komplexität in seiner Musik zeigt sich bereits jetzt.

Mit der Schaffung von Transportmöglichkeiten in die neue Welt wurde dem italienischen Volk ein neuer und etwas romantischer Anreiz gegeben. Die Briefe abwesender Verwandter spiegeln die Weltnachrichten wider und erweitern den Horizont ganzer Dörfer. Außerdem haben die Eisenbahnen neue Verbindungen zwischen den verschiedenen Teilen Italiens ermöglicht, und der Telegraph, das elektrische Licht, neue Erfindungen im Haushalt, industrielle Berufe, Fabriken und so weiter haben nacheinander – oder manchmal auch alle zusammen – den körperlichen Rhythmus durch verstärkte Stimulation gestört, sodass die jüngsten Forderungen nach Realismus in Frankreich und Deutschland tatsächlich teilweise in Italien ein Echo fanden, und zwar in „The Cavalleria Rusticana" von Mascagni, einer spektakulären, aber nicht tiefgründigen Oper, die durch ihre charakteristische Darstellung vertrauter Formen erstaunliche Begeisterung hervorrief. Diese waren in ihrer realistischen Farbe neu, im italienischen Leben jedoch alt, und sie stellten in ihrer dramatischen Handlung den kräftigeren Geschmack der Zeit dar. Puccini spiegelte die noch tieferen Impulse seiner Zeit in seinen Stücken „Manon Lescaut" (1893), „La Bohème" (1896), „La Tosca" (1900) und „Madam Butterfly" (1904) wider. Letzteres ist in seiner Mischung aus Tragödie und sanfter italienischer Melodik inkonsequent, denn selbst Puccini schafft es nicht, die charakteristische Melodik seiner Rasse aufzugeben, und strebt zu offensichtlich nach solchen Misstönen, die jedoch unbeabsichtigt die Misstöne in der modernen italienischen Zivilisation darstellen.

Diese Werke zeigen, dass Italien aus seinem Schlaf unter der Fremdherrschaft erwacht ist und dass es nun beginnt, die Erschütterungen größerer wirtschaftlicher Umwälzungen tief in der Gesellschaft zu spüren, die in Frankreich und Deutschland bereits so aktiv und aufgewühlt sind.

Später in diesem Buch wird gezeigt, wie sehr sich die Zentralregierung um die musikalischen Bedürfnisse Italiens kümmerte. [30]

FUßNOTEN:

[30] Siehe Anhänge C und E.

KAPITEL VI.
ENGLAND (1800-1913).

Die Geschichte Englands im 19. Jahrhundert brachte im eigenen Land nur wenig Aufruhr mit sich, und zwar in einer Weise, die die geistigen Tiefen bewegen und komplizierte, sich wiederherstellende Formen im musikalischen Rhythmus hervorbringen sollte. Arbeitsunruhen belasteten das nationale Denken auf ihre übliche oberflächliche Art und Weise und führten selten zu Schlafverlust oder Appetitstörungen, und die vielen Reformen im Interesse des Handels berührten nur langsam die Tiefen der Emotionalität. Es ist schon immer eine auffällige Tatsache gewesen, dass unpersönliche oder weit entfernte Katastrophen die nationalen Emotionen nur geringfügig hervorrufen. Die Menschen lesen und kommentieren das Abschlachten von Frauen und Kindern und nehmen gleichzeitig genüsslich an einem guten Abendessen teil. Tatsache ist, dass Emotionen nicht so leicht durch entfernte Reize geweckt werden und dass Menschen auch mit immer geringerer Kraft auf unveränderliche gegenwärtige Reize reagieren.

Die heutigen Arbeiterunruhen haben die Grenzen einer milden Stimulation bereits überschritten und entwickeln sich rasch zu emotionalen Kräften, die offensichtlich kopfüber in einen Regierungswechsel drängen. Der Kapitalismus hat seinen unterdrückerischen Lauf beendet, und für die nahe Zukunft bereitet sich eine wahrhaft seelenzerreißende Agitation vor, die, wenn man sie die Adern der Nation aufreißen lässt, die Stimuli hervorbringen wird, die der englischen Musik schließlich eine Fülle und Tiefe verleihen werden, die die jedes anderen Landes übertrifft. Die britischen Emotionen haben zwei Jahrhunderte lang unter milden emotionalen Stimuli tief geschlafen, aber wenn sie ihre starken Fasern zum Handeln ausstrecken, dann kann man tatsächlich um die alten Systeme der englischen Regierung zittern; und dann könnten auch die großen musikalischen Triumphe Belgiens und Deutschlands übertroffen werden. Angesichts der geistigen Einstellung der britischen Bevölkerung im 19. Jahrhundert und heute war zu erwarten, dass Balfes „Lurline" die rhythmischen Bedürfnisse der Nation bis 1870 widerspiegelte und dass die musikalischen Werke von Benedict („The Lily of Killarney" und die Oratorien „St. Peter" und „St. Cecilia") bis 1885 allgemeine Anerkennung fanden. Der Komponist jedoch, der Englands charakteristische Aktivität – die der Kolonisierung –, ihre militärischen und politischen Aspekte, die reine und religiöse Einstellung der Herrschaft Victorias und die allgemein leicht beunruhigenden Merkmale der wirtschaftlichen Anreize des 19. Jahrhunderts am besten illustrierte, war Sir Arthur Sullivan mit seinen bezaubernden Werken „The Mikado", „Pinafore", „The Pirates of Penzance", „Patience", „The Yeoman of the Guard", „Iolanthe" und „The Sorcerer". England hat in diesem Jahrhundert viel getan, um die Musikkultur innerhalb seiner Grenzen zu fördern. Das königliche Oberhaupt war Schirmherr von Institutionen wie der Royal Academy of South Kensington, dem Royal College of Music, der Guildhall School of Music und dem Trinity College. Diese werden im Allgemeinen durch staatliche Zuschüsse, Spenden und zahlende Mäzene unterstützt. [31] Der Nationalglaube kommt noch immer stark in der ausgedehnten Pflege des Oratorienspiels zum Ausdruck, während das weltliche Ideal noch nicht so abnorm geworden ist, dass die Musik der heutigen französischen und deutschen Schule wirklich gefördert wird. Das liegt wahrscheinlich daran, dass Englands Gefühle derartiger Darstellungen nicht bedürfen, da sie noch immer hinreichend in den leichteren Werken italienischen Genies, wie sie Verdi [32] zum Ausdruck brachte , und in ihren eigenen wunderbaren Opern zum Ausdruck kommen. Es scheint mehr als ein Zufall zu sein, dass die Musik eines Landes den Charakter der wirtschaftlichen Impulse seiner Zeit so wunderbar widerspiegelt wie die Musik Großbritanniens.

Dass England sich aufrichtig um die Entwicklung der Musikkultur in seinem Reich kümmert, zeigt der Brief des Board of Education, Whitehall, London. [33]

FUSSNOTEN:

[31] „American History and Encyclopedia of Music", Band über ausländische Musik, S. 206.

[32] Wir lassen seinen „Falstaff" außer Acht.

[33] Siehe Anhang E.

Kapitel VII.
DEUTSCHLAND (1800-1913).

Die heutige Welt nimmt in der deutschen Musik immer noch die Intensität der deutschen Emotionen wahr, wie sie im 17. und 18. Jahrhundert geweckt wurden.

Lassen Sie uns sehen, ob der tragische Emotionalismus Deutschlands sein Abbild in der Musik gefunden hat und so klugerweise ein Ventil für revolutionäre Energie geschaffen hat und gleichzeitig einen kraftvollen und beruhigenden Zauberstab gegen eine wachsende Unruhe des Geistes schwingt. Lassen Sie uns sehen, ob die großen tragischen Tiefen des Gefühlslebens, die Deutschland während mindestens zwei Dritteln des 19. Jahrhunderts durchgemacht hat, unsere These stützen, indem sie zur Schaffung einer tiefen und tragischen Musik mit revolutionärer Harmonie auf ihrem Höhepunkt geführt haben .

Ludwig von Beethovens Genie hatte großen Einfluss auf die gesamte Musik des 19. Jahrhunderts. Er war unangefochtener Herrscher auf dem Gebiet der Symphonie und Sonaten, wo würdevolle Kompositionen ihre angemessensten musikalischen Formen fanden. Am Ende des 18. Jahrhunderts unterstützte das Publikum aktiv seinen eigenen Musikmarkt durch Verlage und öffentliche Konzerte, so dass die Komponisten zu ihrem eigenen großen Vorteil weitgehend auf die ausschließliche Schirmherrschaft des Adels verzichten konnten, indem sie einen breiteren psychischen Ausdruck in ihren Werken und in der Produktion von Musik mit ausgeprägterem Nationalkolorit ermöglichten. Bekannten Komponisten wurden noch immer Pensionen gewährt, aber diese fesselten sie nicht mehr so vollständig wie früher. Dass Deutschland zu dieser Zeit einen so einfachen und edlen Charakter hervorbringen konnte, wie Beethovens Leben ihn zeigte, lässt auf die religiösen Impulse schließen, die auf seine Eltern einwirkten. Alle seine frühen Werke zeigen diese keusche Einhaltung der etablierten Ideale in der Musik. Überall offenbaren sich schöne Tiefen, und seine leichtesten Werke sind von feierlicher Ernsthaftigkeit durchdrungen. Wir lieben und verehren Beethoven und spüren unbewusst, dass da ein starker, reiner und edler Einfluss im deutschen Geist erwachte. [34]

Die frühen Jahre des 19. Jahrhunderts brachten mit ihren politischen Unruhen eine Vorliebe für die alten Ritterballaden. Diese wurden mit den „Liedern", die die neu aufkommende Furchtlosigkeit des Volkes so genau darstellten, im Genie Franz Schuberts wunderbar zum Ausdruck gebracht. Zu dieser Zeit war die soziale Stellung des Adels ebenso unsicher wie der politische Frieden in ganz Europa. Der Aufstieg der Stimme des Volkes zeigte sich in der Bedeutung, die dem „Volkslied" beigemessen wurde. Nun wurde großer Wert auf die Texte dieser Lieder selbst gelegt, wodurch die Musik erneut der Poesie, der Sprache des Volkes, unterworfen wurde, im Gegensatz zu dem, was im 18. Jahrhundert üblich war, als Texte für die hohlköpfige Aristokratie und sinnliche Töne nichts bedeuteten und eine verwirrende Technik herrschte. Dennoch bleibt der Rhythmus immer noch ausgeprägt und die Melodien sind immer noch voller sentimentaler Andeutungen. Gesang ist kein Träger intensiver Emotionen, und tatsächlich hatten Emotionen zu dieser Zeit im deutschen Wirtschaftsleben noch keinen Höhepunkt erreicht. Die großen emotionalen Möglichkeiten Deutschlands wurden immer noch von kleinen Mächten unterdrückt, und das „Lied" brachte den sozialen Druck der Zeit ausreichend zum Ausdruck, als es den Menschen egal war, wer sie regierte, solange es genug zu essen gab, und so lange denn gutes Bier begleitete ihre Heiterkeit. Die Tragödie war im Gange, hatte aber noch nicht ihre Krallen in die Tiefen der deutschen Emotionen gegraben. Es war nicht die Zeit für eine tiefgreifende dramatische Oper. Der vorherrschende Geschmack sehnte sich nach der romantischen Qualität, die von Kriegshelden napoleonischen Typs suggeriert wurde. Napoleons nahezu unveränderlicher Triumph verschönerte seinen Ruf mit gottähnlichen, unmöglichen Attributen. Schließlich erweckten sein romantisches Schwanken und sein trauriges Ende in den Gedanken, die um seinen Namen gewoben waren, Anklänge an alte Ritterlichkeit. Tatsächlich wurden Schuberts Werke erst 1821 veröffentlicht, da der deutsche Musiker noch von der italienischen Schule dominiert wurde. Die unruhige Zeit vor diesem Datum war für jeden Nationalismus in irgendeiner Form unproduktiv. Die geistige Stimmung des Jahres 1821 war im Wesentlichen lyrisch, und Schuberts Lieder trafen von diesem Zeitpunkt an den richtigen Ton in der öffentlichen Meinung. Überall entstanden neue Formen. Klassische Themen hatten ausgedient. Schiller und Goethe hatten Kunst und Literatur mit neuen Idealen inspiriert. Carl von Weber stellte in seiner bahnbrechenden deutschen Oper „Der Freischütz" im Jahr 1821 neue Methoden vor. Diese Oper läutete den Todesstoß für die Herrschaft der italienischen Musik in Deutschland ein. In diesem Werk wagte von Weber, das wirkliche Leben des deutschen Volkes darzustellen und dem Volkslied eine herausragende Stellung zu geben, obwohl er die Darstellung durch die Einführung übernatürlicher Effekte abschwächte.

Beachten Sie die öffentliche Meinung bei diesem Erfolg! Deutschland wollte seine eigenen Texte, sein eigenes Leben, seinen eigenen Stil in der Musik, die es genießen sollte, vertreten sehen. Wann hatten die Deutschen es jemals zuvor gewagt, eine so seltsame Tendenz zu zeigen? Dann kam die „heroische" Oper mit ihrer albernen Handlung, ihrer anhaltenden musikalischen Erfindungsgabe, ihrer neuen Methode, das Rezitativ als Teil der Melodie zu behandeln, und einer größeren Fülle von Orchestereffekten, in denen man die ersten Ansätze einer wirklich dramatischen

Instrumentalbehandlung sieht. Von Weber war der Fahnenmast für Wagners Banner, und sein Genie ist ein wahres Spiegelbild des sozialen Drucks Deutschlands. Bis 1859 übte Spohr einen ernsthaften und würdevollen Einfluss auf die Violinkunst Deutschlands aus, aber seine schwereren Werke erreichten nicht die Bedeutung von von Webers, die die geistige Tendenz der Zeit wirklich illustriert hatten. In Werken von großer Schönheit und Verdienst repräsentierten Kreutzer, Lortzing und Nicolai verschiedene Phasen dieser sozialen Einstellung.

Robert Schumann leistete erst in den Jahren 1840–1841 einen Beitrag zur tatsächlichen Not des Volkes, als er eine Vielzahl exquisiter Lieder hervorbrachte. Seine Klavierwerke weisen jedoch mehr Originalität sowie größere Kraft und Tiefe auf; Sie deuten auf eine größere Beherrschung des klassischen Ideals hin, zeigen ausgedehnte Akkordeffekte und präsentieren die Breite der Idee. Neu war hier der synkopierte Akzent. [35] Dies war der Beginn jener Unterbrechung der rhythmischen Wirkung, die unserer Meinung nach nicht nur den positiven Ergebnissen der Musik als Rhythmus-Wiederherstellung abträglich war, sondern auch der Vorläufer unseres amerikanischen „ Begeisterung für „Ragtime"-Musik. Es handelte sich um einen „außerordentlichen" Effekt und entsprang einem „außerordentlichen" Geist, denn der arme Schumann starb 1856 in Bonn wahnsinnig. Schumann verband mehr als jeder andere Komponist seiner Zeit wirtschaftliche Impulse mit Emotionalität und die Titel, die er seinen Klavierwerken gab, offenbarten seine Überzeugung, dass Musik dazu gemacht werden könne, bestimmte Vorstellungen auszudrücken. Schumann verspürte nicht nur das Bedürfnis nach rhythmischen Werken, er schuf sie auch, und der Reichtum seiner Harmonik ist in der Wirkung ausgeprägter als der Schuberts. Doch selbst Schumann hat die Tiefen der deutschen Tragödie nicht ausgelotet, weil der gesellschaftliche Druck noch nicht mit tragischen Reizen aufgeladen war. Das Jahrhundert hatte das deutsche Herz noch nicht erschüttert. Es war immer noch unterwürfig, obwohl es ängstlich über seine Möglichkeiten nachdachte, noch war es noch nicht zu aktiver Wut für die nationale Einheit entfacht. Allein die Tragödie könnte diese vielbewährten germanischen Tiefen völlig verändern. Das Interesse an Schumanns Musikzeitschrift „Die Neue Zeitschrift für Musik" bewies, dass das Wachstum des musikalischen Wissens in der öffentlichen Kultur mit der zunehmenden Komplexität des Wirtschaftslebens und der wachsenden Intensität seiner emotionserzeugenden Einflüsse Schritt hielt. So kompliziert wie die Kräfte, denen es gelingt, nationale Emotionen zu wecken, sind auch die musikalischen Konstruktionen, die mit diesen Kräften einhergehen. Mendelssohn spiegelte die reaktionäre Stimmung eines Teils des öffentlichen Denkens wider, aber er dominierte auf seinem Gebiet nicht wie von Weber und Schumann. Bach und Händel beeinflussten sein Werk und verliehen ihm die größte Schönheit, die in seinen vielen bezaubernden Produktionen zum

Ausdruck kommt. Sein eigenes Leben in Bequemlichkeit und Reichtum verhinderte, dass er jenen erschütternden Erfahrungen ausgesetzt wurde, die für den Boden des Genies so notwendig sind. Aus diesen Gründen kann er nicht mehr als eine bestimmte Phase jenes gesamten gesellschaftlichen Geistes darstellen, der in Schumann seine vollständige Widerspiegelung fand. Es ist bezeichnend, dass Walzer und Operette in der Zeit vor 1849 ihre oberflächliche, aber notwendige Existenz im deutschen Leben begannen. Fortschritt und Wohlstand hatten den Menschen eine Art unbekümmerte Fähigkeit zum Genießen und eine Tendenz zu einer ungesunden Trägheit des nationalen Pulses verliehen. Wir müssen jedoch beachten, dass das Publikum den ausgeprägtesten Rhythmus verlangte, um dem Körper eine *Anregung* zu einem höheren Grad rhythmischer Bewegung zu verleihen. Dies wurde im Walzer perfekt umgesetzt. War dies der erste Schritt zurück zu den griechischen Rhythmusübungen? Der Tanz ist so alt wie das menschliche Leben, aber der Walzer ist besonders sinnlich und von sanftem Rhythmus, und seine Entwicklung durch Johann Strauss erfolgte zu einem außerordentlich empfänglichen Zeitpunkt für gesellschaftliche Begierden. Man muss versuchen, das eigene Bewusstsein in den imaginären Körper eines damals lebenden Menschen zu versetzen, um das Bedürfnis nach dem Walzer zu spüren. Da unsere eigene Zeit hinsichtlich der Reize der Zeit vor 1848 nahe genug ist, ist das Kunststück möglicherweise nicht unmöglich. Der jüngere Strauss spiegelte die erholsame Zeit nach der Vereinigung der Deutschen am besten wider.

Aber Richard Wagner markiert den Höhepunkt des deutschen gesellschaftlichen Drucks. Dieser Meister hat unsere These nicht im Geringsten widerlegt, selbst in seinen frühen Werken, die ebenso konservativ waren wie alle anderen seiner Zeit. Bis 1842 war sein Leben unruhig und seine Karriere zweifelhaft. „Rienzi", das in diesem Jahr in Dresden aufgeführt wurde, erwies sich als großer Erfolg, und 1843 zeigte „Fliegende Hollender" die erste positive Übernahme revolutionärer *Ideen* in der Musik, obwohl „Rienzi" einige bedeutende Hinweise auf Freiheit und die Macht der Freiheit enthielt die Menschen. Wagner vertrat sicherlich die radikalen Überzeugungen seiner Zeit, und seine späteren Werke waren zweifellos von den bewegenden Reizen des damals herrschenden gesellschaftlichen Drucks inspiriert. 1850 wurde „Lohengrin" mit großem Erfolg produziert. Viele Prüfungen quälten den Geist Wagners, bis 1861 sein „Tannhäuser" in Paris unter dem Geschrei radikaler Mobs entstand, die ihn buchstäblich zum Scheitern zwangen. Seine Opern waren die ganze Zeit über Teil des deutschen Opernrepertoires, doch seine größten musikalischen Revolutionen waren noch nicht zu spüren. Demütigung und Armut, Bosheit und aktive Feindschaft überfielen ihn an jedem Punkt. Doch trotz seines tapferen Trotzes, *der die deutsche Stimmung jener Zeit widerspiegelte* , gelang es ihm, die Schirmherrschaft König Ludwigs II. von Bayern zu gewinnen, und 1865 entstand „Tristan". Dies war ein Werk, das *die traditionelle Struktur der Opernideale völlig auf den Kopf stellte* und es seinen Feinden ermöglichte, ihn seiner erhofften Zuflucht in der Gunst des Königs zu berauben. Doch 1868 wurden „Die Meistersänger" in München aufgeführt. Dieses Werk stellte ein echtes Plädoyer für *mehr Freiheit* im Kunstschaffen dar und zeigte eine Perfektion der musikalischen Umsetzung, gepaart mit *gewagten Innovationen* , die bis heute einen bleibenden Reiz ausübt. Nach vielen Schicksalsschlägen, aber im Bewusstsein, dass seine Werke die deutsche Oper auf eine neue und ideale Grundlage gestellt hatten, verwirklichte Wagner im August 1876 seine Träume in der Inszenierung von „Der Ring des Nibelungen" in seinem eigenen Theater in Bayreuth. Beachten Sie, wie Mit der Zeit erreichte Wagner seinen Höhepunkt in seiner Tätigkeit als *revolutionäre Musik* und den Triumph des vereinten Deutschlands über die verächtlichen Mächte Europas! Zur gleichen Zeit (1876) erleben wir die Etablierung Wagners als emotionaler deutscher Diktator und die deutsche Solidarität mit der etablierten Vormachtstellung Preußens. Auch zu dieser Zeit herrschte in ganz Europa nach einer äußerst bedrückenden Zeit blutiger Kriege und geistiger Folter vergleichsweise Frieden. Gilt unsere These nicht?

Was passiert nun in den Jahren des Fortschritts und des Friedens von 1876 bis 1882 mit Wagners Geist, wenn wir ihn endlich von Mühsal, Armut, Feindschaft und Demütigung befreit sehen? Dasselbe geschah mit dem sozialen Geist unter dem sanften Einfluss einer verfassungsmäßigen Regierung, an deren Spitze ein weiser und guter König stand. Die Reize wurden sanfter, und der soziale Geist wurde in seinen Sinneswahrnehmungen komplizierter, sentimentaler, mit einem dramatischen Ausdruck, der weniger von irdischem Streit und Blut gefärbt war, sondern mehr von spirituellen und intellektuellen Gewohnheiten verfeinert, und siehe da! 1882 markiert „Parsifal" die letzte Inszenierung des mächtigen Wagner. Dieses Werk stellt einen entschiedenen Rückzug von den von ihm geschaffenen Maßstäben in Bezug auf Spontaneität und thematische Entwicklung dar. Die Tatsache und die Ursache liegen auf der Hand. Die Ursache für den „Absturz" liegt im Fehlen tiefgreifender wirtschaftlicher Impulse, im gesellschaftlichen Druck der ruhigen Jahre, in denen diese Arbeit vorbereitet wurde. Lassen Sie die historischen Fakten für sich sprechen. Mit Sicherheit wird der Tag kommen, an dem Soziologen und Psychologen den Zusammenhang zwischen sozialer Nervenstörung in Emotionen und sozialer Beruhigung in der Musik mit ihren unzähligen Millionen Schwingungen, die auf die Nerven einwirken, als wissenschaftliches und quantitativ psychiatrisch messbares Phänomen anerkennen werden und wirken auf scheinbar mysteriöse Weise auf das Leben einer Gruppe ein.

Mit Wagners Tod sinkt die Aufmerksamkeit auf emotionaler Ebene in Deutschland. Brahms, Strauss, Bruch, Bruchner und andere neuere Komponisten klammern sich alle an das Gewand Wagners. Hier und da versuchten diese Komponisten Änderungen, die seine Idee verzerrten, aber es gelang ihnen nur, die milderen intellektuellen Reize wiederzugeben, die jetzt das deutsche Denken beherrschten.

[34] Sogar Beethoven veranschaulicht die progressive Idee der Zeit, in der Entwicklung der freien Initiative in neuen Formen, die in seinen Symphonien zum Ausdruck kommt, die von der ersten bis zur revolutionären Einführung von Chören in den Sinfonien progressive Schritte in Richtung größerer Behandlungsfreiheit darstellen neunte.

[35] Beethovens exquisite Werke für Streichinstrumente weisen Synkopeneffekte auf, der harte, synkopierte „Akzent" scheint jedoch zunächst in den Werken Schumanns als scharfe Kontraste erkennbar zu sein.

KAPITEL VIII.
FRANKREICH (1800-1913).

Frankreich verfügt als äußerst fortschrittliche Nation über ein hervorragendes Musiksystem und ein entsprechend gutes Produkt der Musikkultur. Das französische Nationalbewusstsein reagiert besonders empfindlich auf modernen sozialen Druck. Wenn dieser Druck durch musikalischen Rhythmus gemildert wird, wird Frankreich auf musikalischen Pfaden voranschreiten, wie es dies in so vielen anderen Bereichen getan hat. Was die Geldausgaben betrifft, steht es hoch, aber diese Ausgaben werden größtenteils in Paris getätigt. Die Kultur eines Staates muss im Verhältnis zu all seinen Einwohnern betrachtet werden, und während Frankreich absolute Ausgaben aufweist, sind seine *Pro-Kopf-* Ausgaben relativ niedrig. Diese Ausgaben sind jedoch unabhängig von privaten Spenden, die in der staatlichen Kontrolle nichts zu suchen haben und die eher ein Nachteil als ein Vorteil für die Allgemeinheit sind, da sie eine Kontrolle durch die fürstlichen „Moden" einer herrschenden Klasse darstellen. Nationales musikalisches Genie drückt sich in dem Ausmaß aus, in dem die nationalen Emotionen durch nationale Reize geweckt werden. Hätte Frankreich auf seinen sozialen Druck in derselben Weise reagiert wie Deutschland mit praktisch denselben Reizen, hätte unsere Geschichte mit dem Triumph Deutschlands enden können. Aber Frankreich hatte eine ganz andere geistige Vorbereitung erfahren als die, die das deutsche Herz im 18. Jahrhundert quälte, und die Art der französischen Emotionalität war sowohl weit weniger aufrichtig tragisch als auch in jeder Phase weitaus intellektueller als die deutsche. Die einfachen Leute in Frankreich waren vor dem Untergang der Monarchie tatsächlich echtem Elend ausgesetzt, aber sie waren immer im Ruhm einer siegreichen Nation gekleidet – einer führenden Macht, die sich ihrer eigenen Vorherrschaft in europäischen Angelegenheiten bewusst war, obwohl die Bauern mit Steuern niedergedrückt und zu überlasteten Unterstützern eines lasterhaften Königshauses gemacht wurden; doch der Ton der öffentlichen Meinung war, obwohl etwas kritisch, hauptsächlich herrisch und zu großer Begeisterung fähig. Das freie Denken war noch in der Frische der Jugend, sodass Unterdrückung, wenn sie auftrat, analysiert und angeprangert wurde, selbst während sie erduldet wurde. Deutschland hatte bis 1848 nie daran gedacht, dies zu tun. Die Probleme Frankreichs waren eine direkte Folge der Wünsche des einfachen Volkes und wurden ihm nicht so sehr von äußeren Kräften zugefügt, sondern vielmehr freiwillig in Kauf genommen und sogar selbst geschaffen, in der bewussten Entwicklung einer neuen Idee der Volksherrschaft. Frankreich wollte große und neue Taten vollbringen, bevor es geistig zu solchen Leistungen bereit war, und seine Prüfungen waren selbstverschuldet. Diese Tatsache mindert nicht seine emotionale Reaktion auf den sozialen Druck, verleiht ihm aber selbst in seinen tiefsten Auswirkungen eine gewisse Kontrolle. So war es mit Frankreich, als Napoleon seinem Boden sein bestes Blut entzog, die Nation aber mit Lorbeeren krönte. Der philosophische Geist, der durch das Genie Voltaires geweckt wurde, wurde selbst unter diesem Ruhm nicht schwächer, und der französische Geist, obwohl er von der Revolution ermüdet war, ruhte sich nur einen Augenblick in den Reaktionen unter Napoleon aus. Die rücksichtslose Republik war nur das erste Anzeichen der neuen nationalen Stimmung, und obwohl ganz Europa sich zusammenschloss, um sie zu unterdrücken, und Napoleons Kaiserreich sie vorübergehend beruhigte, indem es alle Formen des Fortschritts förderte, hatte das nationale Bewusstsein die Freiheit gekostet, und die alte Toleranz gegenüber dem Königtum war im Sterben. Während der vierzehn Jahre seiner Herrschaft bescherte Napoleon Frankreich beträchtliche Vorteile. Kontinentaleuropa beugte sich ihm unterwürfig. Obwohl das französische Volk die alte Idee der Monarchie hasste, konnte es die Vorteile, die Frankreich durch sein mächtiges Genie erhielt, nicht leugnen. Sein Tod im Jahr 1821 hinterließ seine ehemaligen Untertanen in einer schlechten Lage, denn das Volk strebte nach einer verfassungsmäßigen Regierung, während die Verbündeten den Absolutismus bevorzugten. Doch nach und nach machte das Volk gewisse Fortschritte und setzte seine Meinung allmählich durch. Die Revolution war im sozialen Druck des halben Jahrhunderts nach Napoleons Sturz eine ständige Bedrohung.

Der rebellische Fanatismus, der allen zivilisierten Erscheinungsformen zugrunde liegt, wird dem Kommerz unserer Zeit mit Sicherheit neue und verheerende Schläge versetzen. Wir haben das Gefühl, dass Terror und seine Ursachen in der Religion heute sehr nahe an der Oberfläche der Weltpolitik lauern.

In vielerlei Hinsicht hat Frankreich seine alte Vormachtstellung in der Führung nicht verloren, aber seine Disziplin war vielleicht zu schwach in Richtung beharrlicher Beharrlichkeit. Möglicherweise wurde ihr Handeln im Inland und bei ihren Kolonisierungsbemühungen von einer zu fatalistischen Politik bestimmt, als dass sie ein starkes Versprechen für eine dauerhafte Machterrichtung unter der Herrschaft des Volkes geben könnte. Dennoch ist von dem kühnen Mut, der Begeisterung und der intellektuellen Pracht des französischen Geistes viel zu erwarten.

Das ganze Land bildete einen merkwürdigen Kontrast zur deutschen gesellschaftlichen Reaktion, denn unter den gleichen Reizen weinte der eine, während der andere lachte. In den ersten vierzig Jahren des 19. Jahrhunderts dominierte der Klaviervirtuose mit seinen oberflächlichen Verzierungen der Fingertechnik die Instrumentalmusik in Frankreich. Der Sonate, die so viel Würde und edles Gefühl verkörpert, wurde in dieser oberflächlichen Phase nur ein obskurer Platz eingeräumt, und an ihre Stelle trat das kurze

Klavierstück. Andererseits gaben die Interpreten Impulse für Verbesserungen im Klavierbau und bei der Komposition von Klavierwerken. Liszt und Thalberg faszinierten die Pariser, und die öffentliche Meinung verlangte keinen tieferen Ausdruck ihrer emotionalen Verwirrung als den, der in pianistischen Darstellungen zum Ausdruck kam. Nach 1831 lebte Chopin in Paris und seine Werke drückten weiterhin die französische Liebe zum Tanz, zur ornamentalen Darstellung und zur zarten Sentimentalität aus. Aber im Jahr 1830 machte sich die romantische Bewegung in der Musik unter Berlioz bemerkbar, der eine Musik hervorbrachte, die perfekt zu den hitzköpfigen revolutionären Tendenzen dieser Zeit passte. Unter der Manipulation von Berlioz erlangte die Orchestrierung eine Klangfarbe, eine neue technische Möglichkeit, und die bizarren Aspekte des damaligen Wirtschaftslebens spiegelten sich genau in seinen *revolutionären Wirkungen wider*. Sein 1844 veröffentlichtes Buch über Instrumentierung wurde zu einer Autorität und er regte Musiker dazu an, neue Formen auszuprobieren, auch wenn diese im Widerspruch zu klassischen Traditionen standen. Berlioz wollte erstaunliche Instrumentaleffekte erfinden und tat dies auch, aber seine Bemühungen verschafften ihm keine dauerhafte Popularität, obwohl er der eigentliche Begründer der modernen französischen Musik ist.

Aber gerade im Bereich der großen Oper müssen wir nach den erstaunlich genauen Widerspiegelungen des wirtschaftlichen und sozialen Drucks suchen, wie sie in der Musik Frankreichs im 19. Jahrhundert zum Ausdruck kommen. Cherubini leistete einen bedeutenden musikalischen Beitrag zur französischen Opera seria, weist jedoch starke Einflüsse ausländischer Vorbilder auf. Napoleon förderte nur die trivialsten italienischen Opern; seine Haltung war natürlich für ernsthafte Versuche auf diesem Gebiet von Nachteil. Unter Mehul begann die Opera-comique dramatische Farben zu zeigen, aber es blieb Spontini überlassen, das napoleonische Regime in einer Oper widerzuspiegeln, die das Heroische in seiner ganzen Pracht verherrlichte. Seine französischen Werke „La Vestale" (1807), „Fernando Cortez" (1809) und „Olympie" (1819) spiegeln die Geisteshaltung der Zeit wider, zeigen aber getreu dieser Reflexion auch den Mangel an wirklicher Tiefe der Emotionen in Frankreich vom gesellschaftlichen Druck der Zeit noch nicht berührt. Die Opera-Comique repräsentierte die Stimmung der Öffentlichkeit besser in den Werken von Boildieu, in „Le Calife de Bagdad" und „La Dame Blanche", die einen ernsteren Ton und eine größere Raffinesse an den Tag legten, als man es bisher auf diesem Gebiet kannte. Auber verstand es jedoch am besten, die französische Bewunderung hervorzurufen. Sein Ruhm begann um 1820, als die Ideale von einem dunkleren Farbton der Ernsthaftigkeit zu färben begannen und seine „Fra Diavolo" und „Le Domino Noir" seine hervorragende Charakterisierungsgabe unter Beweis stellten. Herolds „Zampa" präsentierte neue Orchesterelemente und erfreut sich in Amerika und England immer noch großer Beliebtheit. Große Opern mit heroischem Charakter erhielten durch Rossini (der nach 1824 in Paris lebte) in seinem französischen Werk „Guillaume Tell" (inszeniert 1829) einen starken Impuls. Der dramatische Ausdruck findet hier einen gewissen Spielraum, wenn auch ohne große Tiefe, und Aubers „La Muette de Portici" (1828) drückt das revolutionäre Gefühl des Volkes eher aus, denn das Thema der Musik ist der *Volksaufstand gegen die Tyrannei*. Die Werke von Meyerbeer bringen die große französische Oper auf ihren Höhepunkt; sein „Robert le Diable" (1831) und „Les Huguenots" (1836) passten bewundernswert in den Ausdruck dieser Jahre, während sein letztes Werk „L'Africaine" (1864) die ganze Gärung im französischen Denken zeigt, die es gab Dies führte unweigerlich zum Deutsch-Französischen Krieg von 1870.

Die dramatischen Ereignisse der französischen Geschichte des 19. Jahrhunderts hatten den echten theatralischen Instinkt in der Musikkomposition hervorgebracht; und die Verkomplizierung von Orchestereffekten war ein natürlicher Ausdruck der Vielfalt der Reize, die jeden wirtschaftlichen Impuls begleiten. *Konstanz* war in Meyerbeers Musik ebenso auffällig wie in der französischen Wirtschaftswelt, wo das Anormale, Sensationelle, Religiöse und Absurde so uneinheitlich mit den Plänen für eine stabile verfassungsmäßige Regierung und friedliche Beziehungen zu Europa vermischt war. Einfachheit entsprach nicht dem damaligen Geschmack. Grelle Farben und rauschende Effekte spiegelten viel eher den sozialen Modus wider, und Meyerbeer reagierte so, wie es der Musiker in ihm hätte tun sollen: auf den vorherrschenden sozialen Druck. Die größte Entwicklung zeigte sich im dramaturgischen Ausdruck des Orchesters, und bei der Bildung des Musikdramas begann die Handlung in einer Szene einen höheren Platz als die Vokalisierung einzunehmen. Man könnte sagen, dass dieser Abschied den Beginn der Degeneration des eigentlichen Zwecks der Oper markiert.

Mit der Friedenszeit nach dem Deutsch-Französischen Krieg hielt ein neues Element Einzug in die musikalische Produktion der Zeit. Orchesterkonzerte gab es im Überfluss. Kirchenmusik von Dubois, Gounod und Franck war von ausgezeichneter Qualität und passte zur zunehmenden Aufregung über religiöse Fragen. Frankreich brauchte Rhythmus, wie ein Hungriger Brot braucht, und es fand ihn in einer teilweisen Rückkehr zu Bach und den noch früheren Meistern der geistlichen Musik. 1861 wurden zum Wohle der Bevölkerung populäre Konzerte ins Leben gerufen. Diese haben ihre nützliche Mission bis heute fortgesetzt. Frankreich hat verlangt, dass das Leben in seiner Musik tatsächlich dargestellt wird. Diese unmögliche Forderung führt die französische Musik weit weg von den relativen Charakterisierungen, wie sie in Guonods „Faust" und Bizets „Carmen" dargestellt werden, und in die lächerliche Region der „Tonrisse", wo ein gedrucktes Programm erforderlich ist, um die Zuhörer darüber zu informieren, dass die Staccati der Piccoloflöte die Regentropfen auf der Stirn meiner Dame darstellen sollen und nicht das Quieken eines Schweins ankündigen sollen. Wer wüsste es ohne das Programm?

Gegen Ende des Jahrhunderts kommt es zu einem Rückgang der sinnlichen und mystischen Elemente, sowohl im wirtschaftlichen als auch im musikalischen Bereich. Gounods „Faust" von 1859 hatte diese Qualitäten des sozialen Geistes widergespiegelt, und sein „St. Die „Cäcilia-Messe" im Jahr 1856 brachte die religiöse Einstellung des Volkes zum Ausdruck. Aber der Aufstieg der gegenwärtigen Republik gab das Zepter in strengere Hände, und der geschickte Einsatz der Musik zur Charakterisierung kam in Bizets „Carmen" im Jahr 1873, soweit möglich, anschaulich zum Ausdruck. Saint Saens und Massenet zeigen die intellektuelle Raffinesse der jetzt einsetzenden Periode mit seinen starken Andeutungen eines dramatischen Gefühls, das so exquisit zum Ausdruck kommt, sich jedoch an alte Modelle in der melodischen Konstruktion klammert und die harten und bizarren Effekte vermeidet, die sich in letzter Zeit in französischen Tendenzen manifestiert haben. Cesár Franck demonstriert in seinem wunderschönen Oratorium „Les Beatitudes" (produziert 1891) die wahre Tiefe des religiösen Gefühls, das unter den intellektuellen Verzierungen des französischen Geistes dieser Zeit existierte, und zeigt die große Tiefe und den musikalischen Wert dieses Werks ein Fundus religiöser Gefühle, von dem wir nicht glauben, dass er durch die jüngste Trennung von Kirche und Staat zerstört wurde und der sich in absehbarer Zeit in einer Revolte zeigen wird.

Die neuesten Opernwerke französischer Komponisten zeigen ein verrücktes Verlangen nach dem Ausdruck einer nationalen Musik, die eher wie ein Versuch aussieht, die musikalische Vorherrschaft Deutschlands auszurotten, als wie ein Plan, einen echten Fortschritt in der französischen Kunst zu etablieren. Frankreich möchte eine ganz eigene Musik haben, sei sie noch so hässlich, verzerrt oder bizarr. Es möchte in der Musikkunst führend sein, alte Modelle zerreißen, seinem halb verwirrten Volk eine neue alte Tonleiter aufzwingen und die missgestalteten Dinge mit absurden orchestralen Übertreibungen überziehen, die die arme menschliche Stimme so übertönen, dass das hilflose Stimmorgan gezwungen ist, einem tauben Publikum dramatische Phrasen zuzuschreien, über die zahllosen ungehemmten Vibrationen von hundert oder mehr verrückt klingenden Instrumenten hinweg. Was für eine Farce! Eine große Oper, die ein modernes Mädchen aus Paris in einer modernen Hemdbluse präsentiert, das zur Begleitung einer Monsterband alltägliche Sprüche brüllt! Aber das muss sich ändern. Die menschliche Stimme wird wieder zu ihrem Recht kommen, wenn sich die überreizte moderne Mentalität wieder beruhigt hat. Das Orchester wird auf seine winzige und richtige Position schrumpfen, als bloßer Anreger der

Harmonie, die die Stimme unterstützt, und die Emotionen des Lebens werden ihre wahre Erleichterung in akzentuiertem Rhythmus, beruhigender Melodie und edler Harmonie finden. Frankreich durchläuft seine Übergangsphase mit dem, was es jetzt „Musik" zu nennen versucht, noch immer und wird sie sicherlich nicht überstehen.

Der französische Stolz auf musikalische Leistungen kommt deutlich in der Hilfe zum Ausdruck, die dieser Kultur durch staatliche Aktivitäten gewährt wird. [36]

FUSSNOTEN:

[36] Die Statistiken finden Sie im Anhang E.

KAPITEL IX.
Vereinigte Staaten.

Es ist überraschend und zutiefst bedauerlich, dass die Bundesregierung der Vereinigten Staaten mangelndes Interesse an der musikalischen Ausbildung zeigt. Aber unser junges Land wird wahrscheinlich nicht lange hinter kleineren Ländern zurückbleiben. Unsere Hoffnung beruht auf der grundsätzlichen Großzügigkeit und Weisheit unseres nationalen Geistes, der jetzt riesige Summen für musikalische Unterhaltung verschwendet, aber überhaupt nichts für die kostenlose musikalische Ausbildung seiner begabten Bürger ausgibt.

Wir haben in diesem Land eine seltsame Mischung von Rassen und Idealen, die alle etwas von den Bedingungen der Alten Welt beisteuern und sich zu einem neuen Typus vereinen. Die Menschen, die im 18. und 19. Jahrhundert so tapfer gekämpft haben, waren unterschiedlicher Herkunft, aber alle hatten in ihrem Geisteszustand eine Tragödie der einen oder anderen Art in den Kampf eingepflanzt. Emotionen schlugen die Pioniere in ihre einzige Zuflucht, die Kirche; selbst die Ballade, so einfach sie auch war, fand dort, wo das Gebetbuch lag, kaum Platz. Das Leben der Pioniere bot wenig Anlass für komplizierte Reize, bis das 19. Jahrhundert die Tore unseres Landes für industrielle Erfindungen und die Unzufriedenheit ausländischer Arbeitskräfte öffnete. In der ersten Hälfte des 19. Jahrhunderts herrschte eine gedämpfte und fast religiöse Atmosphäre, die die Emotionen erstickte, aber die Reformwellen, die über Europa hinwegfegten, erreichten 1861 auch hier ihren Weg, und der Große Bürgerkrieg hätte uns bis ins Innerste erschüttert, wenn nicht die Mächtigen gewesen wären Die Gefühlsströme in uns wurden durch unsere kirchlichen Gewohnheiten unterdrückt. Die wenigen Entlastungsventile, die unserem Volk in den primitiven Varieté- und Theateraufführungen zur Verfügung standen, reichten nicht aus, um die Irritationen durch die sich schnell verkomplizierenden Wirtschaftsimpulse auszugleichen. Zu dieser Zeit stammte unsere Einwandererbevölkerung aus England, Irland, Schottland, Wales, Dänemark, Belgien, Deutschland, Schweden, Norwegen und der Schweiz. Diese Einwanderer besaßen im Allgemeinen einen kühlen Kopf, hatten einen guten, strengen Charakter, waren in verschiedenen Handwerken bewandert und kamen, um dauerhaft zu bleiben. Sie wurden eins mit unserem Volk, und unsere Kämpfe waren ihre Kämpfe. Die italienische Oper und die höheren intellektuellen Vergnügungen kamen später zu den Vergnügungen der Reichen hinzu, aber die Massen nahmen selten an solchen Vergnügungen teil, und die altmodischen Balladen und die großartig entwickelte Kirchenmusik boten uns die einzige Linderung für emotionale Störungen. Doch dies war aufgrund der schönen Hymnenübung erträglich, bis der Goldfieber und der

Ölwahnsinn, vereint mit der Aufregung der Südstaaten, unsere emotionalen Tiefen in neue Bewegungen versetzten und der Schrei des Arbeiters nach Freiheit und Freiheit erklang Hersteller für mehr Kraft, fügte Angst und Wut zu unseren alltäglichen Emotionen hinzu. Der rasche Aufstieg unserer nationalen Macht, die enormen Fortschritte im öffentlichen Bildungswesen und die unglaubliche Vervielfachung der Reize auf allen Seiten haben unsere nationalen Nerven verzerrt und strapaziert, bis wir uns nun mit einem abnormalen Typus konfrontiert sehen, der bald seine normale Ruhe finden muss rhythmische Pulsbewegung, sonst zerfallen sie unter der Belastung. Nirgendwo haben wir ein Ventil oder eine Möglichkeit zur Neugründung, außer im Tanz und in so billigen Shows, die nur eine teilweise Linderung ermöglichen. Die Klasse der seit 1883 ankommenden ausländischen Arbeitskräfte stammt aus dem Süden Europas, ist Analphabetin und feurig und fügt unserer angespannten Nationalität ein weiteres Element der Gefahr hinzu, und dennoch hat unsere blinde Regierung die musikalischen Sicherheitsventile nicht geöffnet, für den Dampf, der schnell aufsteigt Berstpunkt. Unser musikalisches Talent ist erstklassig, aber da wir keine staatliche Unterstützung für kostenlosen Unterricht haben, sind wir gezwungen, nach Europa zu gehen, um dort zu lernen, ein deutsches, französisches oder italienisches Medikament gegen eine amerikanische Krankheit zuzubereiten, wenn unser besonderer sozialer Druck dies erfordert ein besonderes amerikanisches Heilmittel. Privatschulen, die nur ihren eigenen finanziellen Gewinn im Sinn haben, sind absurde Agenten für die Erfüllung wirklich sozialer Aufgaben. Das Land schreit nach seiner eigenen Musikkultur, sowohl auf dem Land als auch in der Stadt. Kann die Regierung nicht erkennen, dass die musikalische Beschäftigung in Amerika bereits ein weites Feld abdeckt? Kaum eine Veranstaltung findet ohne Musik statt. Restaurants, Hotels, Clubs, Opernhäuser, Theater, Kirchen, Beerdigungen, Hochzeiten, gesellschaftliche Veranstaltungen, Paraden, Dampfschifffahrt, Gewerkschaftsversammlungen unterstützen Hunderttausende professionelle Musiker. Doch praktisch alle diese Arbeitsplätze werden an im Ausland geborene Talente vergeben, denn nur die Wohlhabenden in Amerika können Musik studieren, und die einfachen Leute, die möglicherweise das größte Talent besitzen und es sowohl lieben als auch am meisten brauchen , wird diese Möglichkeit, ihren Lebensunterhalt zu verdienen, verweigert, während die Kommunalverwaltungen nutzlose Tausende für Konzerte und ein paar Parkkapellen ausgeben, die nur den Appetit der Öffentlichkeit anregen, während unser reiches musikalisches Talent unter den Armen im Sterben liegt und vernachlässigt wird. [37] Kein Wunder, dass die Revolution an die Tür klopft! Die Regierung sorgt mit ihrem kostenlosen Bildungsplan für Augenöffner und unterstützt so die Störung des menschlichen Rhythmus durch sensationelle Zeitungen, laute Straßen, hohe Preise und ein zu schnelles Leben, verschließt aber gleichzeitig die Tür zu kostenlosem Musikunterricht, der den Geist beruhigen würde Wiederherstellung des Pulsgleichgewichts. Die Kirchen nageln die natürlichen Impulse fest und die Gesellschaft missbilligt „neue" Formen, aber die Natur wird trotzdem ihre Energie erzeugen, und im menschlichen System gestaut, wird sie irgendwann überkochen.

Den Vereinigten Staaten mangelt es keineswegs an Wohlstand, der ausreicht, um den öffentlichen Musikunterricht für die Kultur eines lohnverdienenden Berufs aufrechtzuerhalten. Unsere Finanzberichte sprechen für sich. Beim Vergleich unseres Wohlstands und unserer Vernachlässigung der Musikkultur mit den Aktivitäten in dieser Richtung, die von anderen großen und kleinen Ländern durchgeführt werden, könnte der folgende Brief von Ex-Präsident Taft von Interesse sein:

Das Weiße Haus,
Washington.

3. Juli 1909.

Mein lieber Herr:-

Ich habe Ihren Brief und halte es nicht für möglich, von der amerikanischen Regierung Mittel zur Förderung von Musikschulen zu erhalten. Dies muss, wenn überhaupt, aus privater Großzügigkeit erfolgen.

Mit freundlichen Grüßen
WM. H. TAFT.

Amerika ist verrückt nach Musik. Die Kinofilme retten mit ihren rhythmischen Kombinationen aus Licht- und Schallwellen unsere geistige Gesundheit. Sie ziehen täglich 5.000.000 Menschen in 14.000 Kinos an, und jährlich werden 4.000 Stoffe auf den amerikanischen Markt gebracht. [38] Auf diese Weise behalten wir unseren Rhythmus, aber die höheren Heilmittel der Orchesterkonzerte, Opern und Kammermusikaufführungen bleiben den Menschen verwehrt, die nicht über Vermögen verfügen, während die Hunderttausende von bezahlten Stellen in den Körperschaften, aus denen diese Kräfte bestehen, unseren einheimischen Talenten ebenfalls verwehrt bleiben, weil es keine freien Schulen gibt, in denen solche Talente entwickelt werden können. In den Vereinigten Staaten können nur die Wohlhabenden Musik studieren, und seltsamerweise liegt unser wahres Talent oft nicht in dieser Klasse, sondern außerhalb dieses Zauberkreises, unter den Elementen unserer im Ausland Geborenen und den Einheimischen der im Ausland Geborenen, deren Nerven von der Nation mit musikalischem Rhythmus versorgt wurden.

Die Vereinigten Staaten sollten Gold auf die gesundheitsfördernde und freudebringende Nationalmusik herabregnen lassen, die von den Menschen so geliebt wird und für die geistige und körperliche Entspannung von der unerträglichen Belastung des modernen Lebens so wichtig ist. Ein heller Stern wird die Regierung des ersten Präsidenten schmücken, der sich dieser Aufgabe annimmt.

FUßNOTEN:

[37] Der Wert des Musikunterrichts an öffentlichen Schulen ist über seinen Unterhaltungsaspekt hinaus nicht der Rede wert. Das Singen ist eine Gefahr für die Stimmlage und die übrigen Übungen sind unbedeutend.

[38] American Industries, Januar 1913.

ANHANG A.
FRAGEBOGEN.

Die genaue Form des amerikanischen Fragebogens, der zur Erhebung der Statistiken verwendet wurde, ist unten aufgeführt. Die ins Ausland verschickten Fragen folgten demselben Schema und hatten denselben Umfang, waren jedoch etwas indirekter und formeller formuliert, und natürlich wurde jeder einzelne Fragensatz in der Sprache des Landes verschickt, an dessen Beamte er gerichtet war.

Für eine statistische Arbeit benötige ich einige offizielle Informationen zu folgenden Fragestellungen:

1. Wie viel gibt die amerikanische Regierung jährlich für öffentliche Konservatorien und den kostenlosen Unterricht der Schüler aus?

2. Wie viel zahlen die einzelnen Bundesländer jährlich für den gleichen Zweck?

3. Gibt es für die Grand Opera Subventionen von der amerikanischen Regierung oder den einzelnen Bundesstaaten?

4. Gibt es Subventionen für Orchesterorganisationen oder Chorvereine?

5. Gibt es vom Staat jährlich Preise für musikalische Leistungen an Komponisten, Sänger und Musiker?

6. Gibt es Stiftungen der amerikanischen Regierung oder der Staaten, die es jungen begabten Musikern ermöglichen, ihre musikalische Ausbildung in Amerika oder im Ausland abzuschließen?

ANHANG B.

QUELLEN FÜR STATISTISCHES MATERIAL.

Die Quellen der Statistiken in diesem Anhang sind in der ersten Tabelle unten angegeben.

Gerne nutze ich diese Gelegenheit noch einmal, um meine Wertschätzung für die stets entgegengebrachte Höflichkeit als Antwort auf meine Anfragen zum Ausdruck zu bringen. An anderer Stelle [39] sind die Namen der Beamten zu finden, deren sorgfältige und oft detaillierte Berichte es dem Autor ermöglichten, dem Leser ein Bild von der relativen Unterstützung zu vermitteln, die die Regierungen ausländischer Staaten der Musik entgegenbrachten.

Land	Offizielle oder institutionelle Einrichtungsstatistik	Mitteilung datiert
Österreich	Kaiserliche Akademie für Musik und Bildende Künste.	13. Dezember 1912
Bayern	Innenminister für Religion und Bildung.	21. April 1913
Belgien	Minister für Kunst und Wissenschaft.	4. Februar 1913
Dänemark	Dänischer Generalkonsul in New York.	8. Mai 1913
		13. Mai 1913
Ecuador	Musikkonservatorium Quito.	31. August 1913
England	National Education Board, Whitehall, London, England.	24. Dezember 1912
Frankreich	Pariser Konservatorium.	9. Februar 1913

Holland	Innenminister.	19. März 1913
Ungarn	Staatssekretär, Budapest.	23. März 1913
Italien	Unterrichtsminister.	10. März 1913
Norwegen	Königlicher Musikinspektor in Christiania.	15. Dezember 1912
Preußen	Generalkonsul der Vereinigten Staaten in Berlin.	10. März 1913
Russland	Erster Sekretär der russischen Botschaft, Washington, D.C	28. Mai 1913
Sachsen	Innenminister.	8. April 1913
Schweden	Königliches Konservatorium für Musik, Stockholm.	4. Januar 1913
Vereinigte Staaten	Obersekretär, US-Bildungsministerium.	15. März 1913

FUßNOTEN:

[39] Siehe Seiten 16-17 .

ANHANG C.

Diese Zahlen sollen lediglich einen Eindruck von den ausländischen Aktivitäten im Rahmen der nationalen jährlichen Förderung der Musikkultur vermitteln. Vergleiche ohne detailliertere Statistiken wären irreführend und ungerecht. Daher wurden Berechnungen pro Kopf absichtlich weggelassen.

Alle Ausgaben und Mittel der Militärkapelle wurden von den erhaltenen Statistiken abgezogen. Sachsen und Bayern gehören als bloße Bundesländer nicht in die obige Liste, doch die lobenswerten Leistungen Bayerns zeigen sich in seinen Gesamtausgaben von 703.030 Mark jährlich.

Länder	*Bevölkerung* [40]	*Quadratmeilen*	*Ausländisches Geld*	*Amerikanische Dollar*
Österreich	28.568.000	115.903	1.730.084 Kronen	351.207
Belgien	7.317.561	11.373	641.275 Franken	123.766
Dänemark	2.775.000	15.582	20.600 Kronen	5.520
Ecuador (1913)	1.400.000	116.000	28.500 Sucre	13.879
Frankreich	39.252.000	207.054	1.971.118 Franken	380.425
Großbritannien	45.947.000	121.510	4.600 Pfund	22.385
Holland	5.858.000	12.648	32.000 Gulden	12.864
Ungarn	20.851.000	125.430	1.126.033 Kronen	228.584
Italien	34.565.000	110.659	851.340 Lire	164.308

Norwegen	2.393.000	124.130	15.700 Kronen	4.207
Russland	142.585.000	2.217.929	139.900 Rubel	72.048
Schweden	5.476.000	172.876	313.017 Kronen	83.888

ANHANG D.
HINWEISE ZUR TABELLIERUNG.

Die obige Tabelle kann als ziemlich repräsentativ betrachtet werden, da die relativen Ressourcen jedes Landes und die relativen Kosten für den Unterhalt musikalischer Institutionen die Summe ihrer tatsächlichen Vorteile für die Bevölkerung ausgleichen. Bayerische und österreichische Institutionen verlangen für den Unterricht von einheimischen Talenten geringe Gebühren, von Fremden jedoch viel höhere Beträge. Frankreich und Belgien verlangen von Einheimischen lediglich Aufnahmegebühren, Fremde jedoch zahlen eine angenehme Summe und müssen eine schwierige Prüfung bestehen. Der Brief des berühmten Violinisten und Lehrers Ovid Musin in Anhang E zeigt, dass es zwei Klassen von Studenten gibt: einheimische Studenten, die eine sehr geringe Gebühr zahlen, und ausländische Studenten, die zahlen. Der Brief war eine Antwort auf unsere Anfrage zu den Studiengebühren, die von französischen und belgischen Musikkonservatorien unter staatlicher Kontrolle erhoben werden. Italien verlangt ebenfalls eine geringe jährliche Gebühr für den Unterricht von Einheimischen, aber alle seine Institutionen unterrichten außergewöhnliche Talente kostenlos, wenn die Zahlungsunfähigkeit des Bewerbers nachgewiesen wird.

Italiens kulturelle Verbreitung in Mailand, Neapel, Palermo, Parma, Florenz und Rom ist ein Gebiet, das der staatlichen Förderung der Musik am meisten Anerkennung zollt. In Anbetracht der Stellung Italiens in der Handelswelt zeigen seine Zahlen, dass den musikalischen Bedürfnissen in hohem Maße Aufmerksamkeit geschenkt wurde. Das würden wir natürlich von diesem großartigen alten Mittelmeervolk erwarten, das in seiner gesamten wundersamen Geschichte trotz aller Katastrophen nie versäumt hat, seine höchsten Ideale aufrechtzuerhalten. Sein musikalisches Genie hat immer nationalen Schutz gefunden. Italien hat damit seine Weisheit bewiesen.

Aufgrund der Bevölkerungsdichte sinken die *Pro-Kopf-* Ausgaben Frankreichs.

Der Unterschied zwischen den Gebühren für einheimische Studierende kann auf die unterschiedlichen Kosten der Unterstützung in verschiedenen Ländern zurückzuführen sein. In Wien beispielsweise beträgt die Gebühr 40,00 USD pro Jahr, während sie in Brüssel für Einheimische nur 1,00 USD pro Jahr beträgt.

Selbst wenn es keinen kostenlosen Unterricht gäbe, wären die Gebühren der staatlichen Institutionen für den Unterricht immer noch eine große Hilfe für die Förderung der Musikkultur in ihren jeweiligen Bundesstaaten, da die geringen erhobenen Beträge für diejenigen erschwinglich sind, die ihre Tage zum Lernen frei haben können. Wie weit würden 40,00 US-Dollar für die Musikausbildung in den Vereinigten Staaten gehen? In Amerika verlangen Gesangs- und Klavierlehrer zwischen 2 und 5 US-Dollar pro Unterrichtsstunde, um ihre Position unter den sogenannten erstklassigen Lehrern zu behaupten. Autofahrpreise, Musik, Instrumente, Kleidung, Eintrittskarten für Konzerte, Opern usw. würden in einem Monat 40,00 $ ausschöpfen; Und während ein ehrgeiziger Maurer problemlos 40,00 US-Dollar pro Jahr bezahlen könnte, würden 40,00 US-Dollar pro Monat für die musikalische Ausbildung seines Kindes an einer staatlich geförderten Hochschule dem vollen Lohn von zwei seiner Mädchen entsprechen, die den ganzen Tag in einem Kaufhaus arbeiten. „Freie Musikschulen" wären bei weitem nicht so erfolgreich wie „Nationale Musikschulen", weil unser Volk nichts mag, was dazu führt, diejenigen, die zahlen können, von denen, die es nicht können, zu trennen. Die Weisen unter unseren wohlhabenden amerikanischen Eltern schicken ihre Kinder jetzt lieber auf unsere öffentlichen Schulen als auf private Akademien, wohl wissend, welche überlegenen Vorteile sich daraus ergeben. Wenn bekannt wird, dass die National Schools of Music den staatlichen Universitäten ebenbürtig sind und den weltweit besten Unterricht und die besten Vorteile bieten, dann wird der Abschluss an solchen Institutionen für jeden, ob reich oder arm, eine Frage des Stolzes sein.

Die Frage der Gebühren.

Wie wir bereits sagten, schmälern die geringen Beträge, die einige der staatlich geförderten Musikinstitutionen als Eintritts- oder Studiengebühren verlangen, nicht den Wert dieser Institutionen; aber es wäre kaum gerecht, alle derart konditionierten Konservatorien in puncto Gemeinsinn auf eine Stufe mit denen zu stellen, die keinerlei Gebühren für den Unterricht einheimischer Schüler verlangen, es sei denn, dass bei den ersteren gewisse Überlegenheit der Bildungsvorteile dazu führt, dass ihre Vorteile ausgeglichen werden. Es ist unmöglich, die Vorzüge jeder einzelnen Institution zu beurteilen, und eine solche kritische Prüfung ist nicht der Zweck dieser Arbeit; Aber die Erwähnung der Systeme einiger Länder, die besondere Rücksicht auf die nationale Musikkultur nehmen, ist hier vielleicht nicht unangebracht. Belgien hat viele Genies der Welt hervorgebracht und uns allein aus seinem Konservatorium in Lüttich so großartige Künstler wie Martin Marsick, Ovid Musin, Ysaye, Cesar Thomson und Remy beschert. Lüttich verlangt von einheimischen Talenten keine Gebühren. In seiner Antwort [41] auf unser Auskunftsersuchen zu den Gebühren an den französischen, belgischen und niederländischen Konservatorien führt Ovid Musin die hervorragenden künstlerischen Ergebnisse der belgischen Konservatorien auf die Tatsache zurück, dass die Vergütung der Professoren so bemessen sei, dass sie ihnen die Möglichkeit gebe, sich zu engagieren ihre gesamte Zeit an ihre Konservatoriumsschüler; Ausländer zahlen 200 Franken pro Jahr, einheimische Studierende erhalten jedoch kostenlosen Unterricht.

Auf eine ähnliche Anfrage zu den Gebühren an italienischen staatlichen Musikschulen antwortete Signor Gatti-Casazza, Direktor der Metropolitan Opera in New York, dass es sowohl kostenlose als auch zahlende Schüler gebe.

Die Frage der Gebühren an allen staatlichen Musikschulen würde eine umfassende Untersuchung der Ideale erfordern, die hinter der Gründung jeder dieser Schulen stehen, und der Ressourcen, von denen ihr Unterhalt abhängt. Zweifellos ist das höchste Ideal bei solchen Unternehmungen das, was das belgische System belebt und seinen wunderbaren Erfolg sichert. Eine genaue Untersuchung der belgischen Verwaltung seiner Wintergärten wäre sicherlich aufschlussreich und inspirierend für unser eigenes Land. Diesem kleinen Land muss man gratulieren, da es sowohl in der Vergangenheit als auch in der Gegenwart die musikalischen Lorbeeren für die nationale Förderung einheimischer Talente gewonnen hat. Ihre Bemühungen sind Zeichen des lebendigen musikalischen Genies Belgiens und zeigen große staatliche Sorgfalt für die Musikkultur. Belgien war schon immer führend in der Musikkultur, und die Welt schuldet ihm großen Dank für seine genialen Leistungen, die erst dann voll und ganz gewürdigt werden, wenn die gegenwärtige abnormale Phase vorüber ist und die vernünftigere Musikschule wieder etabliert ist.

Amerika verdankt einen Großteil seiner seltenen Freude dem vielseitigen Genie der russischen Musik. Möge die Lektion, die die russische Regierung den Bedürfnissen ihrer Untertanen nach Musik widmet, im Wohlstand unserer zu kommerzialisierten Vereinigten Staaten von Amerika nicht verloren gehen.

Ohne die hervorragenden Gesamtausgaben Bayerns für die öffentliche Musikausbildung würde Deutschland als Ganzes sehr schlechte Zahlen aufweisen, denn Sachsen steht niedrig und die preußischen Statistiken sind „nicht verfügbar". [42] Sachsen mit seiner wunderbaren musikalischen Produktion, die die Musikwelt so erfreut, ist offensichtlich in den Händen privater Unternehmen, in denen staatlicher Schutz und staatliche Förderung sächsischer Talente bisher nur eine geringe Rolle spielen. Dies ist angesichts der Beispiele rund um Sachsen überraschend, aber seine Ressourcen und seine Geschichte müssen bei der Beurteilung seiner Großzügigkeit berücksichtigt werden.

Norwegens Bevölkerungszahl entspricht kaum der einer unserer mittelgroßen amerikanischen Städte. Daher zeugen ihre Zahlen von einer wahren Liebe und Hingabe zur Musik, und die Produkte ihres musikalischen Genies rechtfertigen die gewährte Unterstützung voll und ganz. Sie behauptet sich selbst in Sachen musikalischer Schutz.

Dänemark hat unser amerikanisches Leben mit dem starken, freien Blut des Nordens bereichert und seine Musik mit ihrer süßen Traurigkeit hat die amerikanische Musikkultur geprägt.

Die musikliebenden und musikbedürftigen Österreicher werden den Grund für ihre Sorge um den nationalen Rhythmus in den Leiden ihrer Geschichte finden, denn kein anderes Land hat so unter der doppelten Tyrannei von Krieg und Religion gelitten wie Österreich und Ungarn, deren Emotionen die Harfe waren, auf der andere Mächte ununterbrochen spielten. Österreichs Position schien in der Geschichte nicht ausreichend stabil, um es als führende Macht unabhängig vom deutschen Einfluss gelten zu lassen, und obwohl es vom Temperament her so eng mit Italien verwandt ist, sind seine Sprache und Bräuche deutsch und seine jüngste Geschichte ist der Deutschlands sehr ähnlich. Dennoch widmet sich Österreichs Regierung den musikalischen Interessen seiner begabten Untertanen. Diese musikalische Rasse hat einige der edelsten Talente hervorgebracht, denn ihre vergangenen Leiden und ihr empfängliches Temperament *brauchten* Musik in besonderem Maße. Österreich, das in der Musikkultur unter den großen Staaten einen so hohen Rang einnimmt, ist für sein brillantes Beispiel zu beglückwünschen.

Österreichs Zahlen, so wie sie sind, und ohne die Größe seiner Bevölkerung zu berücksichtigen, hätten es an die Spitze gebracht.

Das schwedische musikalische Talent hat uns gelehrt, viel von Schweden zu erwarten, und wir sind in diesem Glauben berechtigt. Die Tatsache, dass Schweden sich in einer Grafik der staatlichen Fürsorge für die Musikkultur zeigt, hat ihre Ursache ebenfalls in seiner Geschichte, denn Schwedens Gefühle sind nicht aus Mangel an Einsatz verhärtet, und seine akuten Leiden haben sich in einer Feinheit des musikalischen Talents und in einer Liebe für das Edle in der Musik manifestiert, die der Fortschrittlichkeit seines nationalen Geistes ebenbürtig ist. Wer soll das Ergebnis dieser edlen Ruhe bestimmen, die durch seine väterliche Fürsorge für die musikalischen Bedürfnisse seines Volkes begünstigt wurde, obwohl Schweden 90 Jahre lang relativen Frieden hatte und von seiner „rhythmusgebenden" Musik besänftigt wurde? Schweden ist ein hervorragendes Beispiel für die Vereinigten Staaten, denn trotz eines relativen Mangels an Wohlstand, eines kalten Klimas und einer scheinbar freudlosen Umgebung nährt es dennoch die schöne Blüte der nationalen Musik. Dies zeigt eine Fortschrittlichkeit und Fürsorge, die doppelt lobenswert ist, wenn man zusätzlich zu der oben erwähnten Tatsache die geringe Bevölkerungszahl und die geringen Ressourcen im Vergleich zu anderen Ländern berücksichtigt.

Die Arbeit des Konservatoriums von Quito, Republik Ecuador, verdient großes Lob für die Vollständigkeit seiner Ausstattung und seinen offensichtlichen Erfolg. Es ist in der Tat erfrischend zu spüren, dass die Musik in dieser tapferen kleinen Republik des Südens einen so großen Anteil der öffentlichen Aufmerksamkeit genießt. Die Untersuchung ihrer musikalischen Statistiken in Anhang C legt sehr stark nahe, dass die lateinamerikanischen Rassen in ihrer Musik ein Gegenmittel gegen den abschreckenden Kommerzialismus der modernen Zivilisation gefunden haben könnten.

Holland, von dem wir wenig staatliche Unterstützung für Musik erwartet haben, weist eine sehr gute Stellung auf. Wir Amerikaner, die stolz darauf sind, dass in unseren Adern holländisches Blut fließt, könnten nichts Besseres tun, als uns diese kleine Nation als Beispiel für nationale Pflichterfüllung zu nehmen. Sie zeigt eine lobenswerte Sorgfalt für die nationale Musikkultur. Mit Stolz auf die Leistung dieses angesehenen kleinen Staates lenken wir die Aufmerksamkeit auf seine nationale Musikkultur.

Ungarn verdient großes Lob für die Pflege seiner musikalischen Talente, wie sie sich in seinen Statistiken widerspiegeln. Ungarische Kompositionen haben für Amerikaner schon immer einen besonderen Reiz gehabt. Von einer Nation, die sich so sehr um die musikalischen Bedürfnisse ihrer bescheidensten Mitglieder kümmert, dass sie ein Symphonieorchester unterstützt, um Konzerte für junge Arbeiter in Provinzstädten zu geben und künstlerische Musik und Kultur zu verbreiten, kann man viel erwarten.

ANHANG E.
KOMMUNIKATION.

Der Einfachheit halber werden diese Briefe in gekürzter Form wiedergegeben.

2. Januar 1914.

Die Studiengebühren für Ausländer an europäischen Konservatorien betragen zweihundert Franc. Die Aufnahme ist abhängig von der vor einem Prüfungsausschuss nachgewiesenen musikalischen Fähigkeit des Studenten, ernsthaft zu arbeiten, da die Anzahl der Studenten in jeder Klasse auf zehn begrenzt ist. Einheimische Studenten zahlen nur fünf Franc.

OVID MUSIN.

„Die französischen und belgischen nationalen und königlichen Konservatorien werden nicht nur unterstützt, sondern wurden von ihren Regierungen unter ihren nationalen und königlichen Kommissaren gegründet und verwaltet, um die Kunst der Musik *um der Kunst willen zu pflegen* . Der Unterricht ist für Einheimische kostenlos, aber Ausländer müssen 200 Francs pro Jahr besteuern. Dieses Geld geht an die Regierung, nicht an die Professoren... Das einzige Konservatorium in Frankreich, das von der Regierung unterstützt wird, ist das „Conservatoire national" von Paris. Die königlichen Konservatorien von Holland und Belgien sind einzigartig und unterscheiden sich in ihrer Struktur völlig von denen in jedem anderen Land... Der Unterschied zwischen den staatlichen Musikschulen in Frankreich und Belgien besteht darin, dass die Vergütung des Direktors, der Professoren und anderer Beamter im Falle Belgiens ausreicht, um es diesen „Funktionären" der Regierung zu ermöglichen, ihre Zeit ausschließlich ihrem Amt zu widmen. Tatsächlich stehen die Professoren auf derselben Ebene wie die der Universitäten, während die Vergütung in Frankreich recht gering ist. Die Professoren dieses Nationalkonservatoriums sind für ihren Lebensunterhalt nicht auf ihr Gehalt angewiesen wie in Belgien. Aus diesem Grund können die künstlerischen Ergebnisse des Pariser Konservatoriums nicht mit denen der Konservatorien Belgiens verglichen werden."

FRAU OVID MUSIN.

„Ich glaube, dass es am Mailänder Konservatorium zwei Klassen von Schülern gibt. Die einen werden in einer festgelegten Zahl kostenlos zu den Kursen zugelassen, die anderen gegen Bezahlung."

GATTI-CASAZZA ,
Direktor des Metropolitan Opera House in New York .

ÖSTERREICH.

Wien, 13. Dezember 1912.

Anbei finden Sie den Regierungsbericht und die Statistik für das Jahr 1913, aus denen die Ausgaben Österreichs für Musik hervorgehen.

WILHELM BOPP ,
Direktor der k.k. Akademie für Musik und bildende Kunst .

	Kronen
Staatliche Konservatorien, jährlich	699.026
Subventionen für private Musikschulen	332.208
Subventionen für Orchester, Chöre und andere Musikvereine	135.850
Komponistenpreise	7.000
Für andere Musiker	17.000
Landeswettbewerbe für Komponisten	3.000
Sonstige Ausgaben für Musik	114.000
Musikunterricht an öffentlichen Schulen	302.000
Gesangsunterricht an öffentlichen Schulen	120.000
Außerordentliche Ausgaben in den Jahren 1911–1913 für den Neubau der Königlichen und Kaiserlichen Musikakademie	2.000.000
Gesamt	3.730.084

BAYERN.

München, 21. April 1913.

KÖNIGLICHER STAATS-, INNEN- UND KULTUSMINISTER IN BAYERN.
Zu den Musikausgaben in Bayern.

In Bayern gibt es zwei Musikinstitutionen, die vom Staat geleitet und gefördert werden. Bisher reicht ihr Einkommen nicht aus, um die Ausgaben zu decken. Diese Institutionen sind die Königliche Musikakademie München und das Königliche Konservatorium für Musik Würzburg.

Der Beitrag des Staates für die Haushaltspläne des Jahres 1912–1913 beträgt jährlich:

Markierungen

Für die Königliche Musikakademie München	67.370
Für das Königliche Konservatorium in Würzburg	72.660

Die Ausgaben für den Musikunterricht an staatlichen Schulen betragen jährlich:

Für die Humanistischen Gymnasien und Realgymnasien	157.000
Für die Progymnasien, Lateinschulen, Höheren Realschulen und Realschulen	120.000
Für die Lehrerinstitute (für beide Geschlechter)	286.000
	703.030

Für die Aufwendungen der Königlichen Theater in München leistet der Staat keinen Zuschuss.

Es gibt auch keine staatlichen Stipendienstiftungen. Für diesen Zweck gibt es spezielle private Stiftungen.

STEINER.

- 75 -

BELGIEN.

Brüssel, 4. Februar 1913.

MINISTERIUM FÜR KUNST UND WISSENSCHAFTEN.
AMT FÜR SCHÖNE KÜNSTE. ABSCHNITT NR. 31042.

Die vier Konservatorien sind staatliche Einrichtungen und werden vom Staat, der Provinz und den Städten finanziert.

Die Subventionen des Staates betragen:

	Franken
Konservatorium in Brüssel	190.500
” ” Lüttich	104.835
” ” Gand	66.750
” ” Antwerpen	65.190
Jahresförderung für Musikschulen	130.000
Jährliche Subvention für Symphonie- und Chororganisationen	28.800
Subventionen für begabte Komponisten, Sänger, Spieler (Änderungen vorbehalten) im letzten Jahr	20.000
(Concours de Rome) Jährliche Stipendienvergabe	4.000
Studienbüro	14.200
Subventionen für Komponisten, die ihre Oper jährlich in einem belgischen Theater präsentieren	6.000
Subvention für die Veröffentlichung alter belgischer Komponisten, jährlich	11.000

Gesamtsumme der jährlichen
staatlichen Subventionen   641.275

M. PHILLIS.

DÄNEMARK.

Konsulat von Dänemark.
8-10 Bridge St.

^ "JNR". AF & ich. 13.9.

New York, 8. Mai 1913. [43]

Mein lieber Herr:-

In weiterer Bezugnahme auf Ihren Brief vom 19. März möchte ich Sie darüber informieren, dass dem Königlichen Musikkonservatorium ein Betrag von 10.000 Kronen und den sogenannten „Palastkonzerten" ein Betrag von 1.000 Kronen zugestanden wurde, außerdem wurden verschiedene kleinere Beträge gewährt werden Sängern und Musikern verliehen, um ihnen die Möglichkeit zu geben, weitere Erfahrungen im Ausland zu sammeln.

Ich hoffe, dass diese Informationen hilfreich sein werden,

Mit freundlichen Grüßen,

J. Clan,
Generalkonsul.

ENGLAND.

Telegramme: —
Renseigne, London.

BILDUNGSAUSSCHUSS.
WHITEHALL, LONDON, SÜDWESTEN

24. Dezember 1912.

Kein Teil der vom Bildungsministerium an Schulen oder andere Bildungseinrichtungen, in denen Musik unterrichtet wird, gezahlten Zuschüsse ist für den Musikunterricht zweckgebunden.

Der Royal Academy of Music und dem Royal College of Music wird jährlich ein Zuschuss von jeweils 500 £ vom Staat gewährt. Ein ähnlicher Zuschuss von 300 £ pro Jahr geht an die Royal Irish Academy of Music.

Die Armeevoranschläge für das Finanzjahr 1912-1913 umfassen Beträge von 21.700 £ zur Unterstützung der Bandausgaben der regulären Armee und 3.300 £ zur Unterstützung der Army School of Music. Gesang und Musik werden in einigen Einrichtungen für die militärische Ausbildung unterrichtet, aber die Ausgaben für diese Fächer können nicht von den übrigen Ausgaben getrennt werden.

Es gibt keine staatliche Subventionierung der Oper.

Mit freundlichen Grüßen,
AW TWENLYMAN .

Die englischen Musikausgaben stellen sich wie folgt dar:

Jährliche Zuschüsse des Staates an:—

	Pfund
Königliche Musikakademie	500
Königliches College für Musik	500
Irische Musikakademie	300
Ausgaben für Armeekapellen in der regulären Armee	21.700
Musikschulen	3.300
Gesamt	26.300

ÄQUADOR.

31. August 1913.

Das Nationale Konservatorium für Musik wurde am 26. April 1900 per Gerichtsbeschluss gegründet.

Anfängliche staatliche Subventionen.

1900	*Sucres*
Installationsfonds	2.000,00
Gehälter	12.000,00
Musikinstrumente und Musik	3.510,30

1903-5.	
Musikinstrumente und Musik	35.000,00
Wartung	58.780,00

Jährliche staatliche Zuschüsse seit 1905.

	Erfolg
1906	23.000
1907	23.000
1908	22.000
1909	25.380
1910	27.540
1911	31.500
1912	28.500
1913	28.500

Der erste Jahrgang 1900 bestand aus 93 Männern und 31 Frauen. Der Jahrgang 1913 umfasste zweihundertsechsundzwanzig Männer und zweihundertdreizehn Frauen.

Die Direktoren ,
Nationales Musikkonservatorium ,
Quito, Ecuador.

FRANKREICH.

9. Februar 1913.

Hier sind alle offiziellen Statistiken – die wir heute Morgen erhalten haben.

I. PHILIPP ,
Professor, Pariser Konservatorium .

	Franken
Musikinspektoren, jährlich	14.200
Reisekosten	3.000
Französische Akademie in Rom, ein Fünftel der Gesamtsumme	29.195
Nationales Konservatorium: Professoren	197.300
Material	41.350
Entschädigungen	41.223
Zweiginstitute	156.500
Nationaltheater, Subventionen	1.225.000
Musikbibliothek des Opernhauses	6.000
Beliebte Konzerte	133.500
Subventionen an Musikvereine	7.100
Palast des Trocadero, für die Musikhalle	13.000
Zuschüsse an Musiker	103.750
Insgesamt jährlich	1.971.118

HOLLAND.

Afdeeling KW Ministerie VanBinnenlandsche Zaken Gravenhage,

19. März 1913.

Gulden

1. Subventionierung von Wintergärten	27.000
2. Zuschüsse für arme, junge, begabte Musiker beiderlei Geschlechts zur Unterstützung ihres Studiums	5.000
3. Für Militärkapellen	186.000

TH. HEEMSKERK ,
Innenminister und
Generalsekretär der Niederlande .

NORWEGEN.

Christiania, 15. Dezember 1912.

Unsere Theater erhalten keine staatliche Förderung. Musik an öffentlichen Schulen ist eine lokale und keine bundesstaatliche Angelegenheit.

Wir haben keine Konservatorien im üblichen europäischen Stil, aber es gibt kleinere Musikschulen und Schulen für Organisten, die zum Teil vom Staat subventioniert werden.

Was der Staat für Musikzwecke ausgibt, lässt sich wie folgt beschreiben:

	Kronen
Militärmusik jährlich	160.000
Subventionen für Komponisten	5.200
Zuschuss an andere Musiker	6.000
Musikschulen	4.500
Insgesamt, jährlich	175.700

Mit großem Respekt,
OLE OLESON ,
Musikinspektor der Armee .

ITALIEN.

Rom, 14. Februar 1913.

MINISTERIUM FÜR UNTERRICHT.

GENERALBÜRO
DES DIREKTORS
FÜR ANTIQUITÄTEN UND BILDENDE KUNST.

Posiz. 21 ff. Gen.
N. di.

PROT. 339. BETREFF: STATISTISCHE UNTERSUCHUNG.

Die italienische Regierung stellt 440.500 Lire für Berufsgehälter und 146.400 Lire für Verwaltungskosten im Zusammenhang mit den fünf nationalen Musikkonservatorien bereit, wobei der erstere Betrag wie folgt aufgeteilt wird:

	Lire
Mailänder Konservatorium für Musik	102.000
Neapel ” ” ”	107.000
Palermo ” ” ”	80.000
Parma ” ” ”	71.500
Florence Musical Institut	80.000

Für außerordentliche oder vorübergehende Entschädigungen für das Personal dieser verschiedenen Schulen sind zusätzliche Mittel in Höhe von etwa 30.000 Lire vorgesehen.

Instrumente usw.	131.440
Jährliche staatliche Subventionen für das städtische Konservatorium für Musik in Rom	101.000
Jährliche Subvention für Schüler	2.000

(LUIGI) CREDARO ,
Minister für öffentliche Bildung .

- 87 -

PREUSSEN.

AMERIKANISCHES GENERALKONSULAT,
BERLIN, DEUTSCHLAND.

10. März 1913.

Ich bestätige den Eingang Ihres Schreibens vom 9. Februar 1913 betreffend die Ausgaben der preußischen Regierung zugunsten der Tonkunst.

Wie mir das Preußische Statistische Amt mitteilte, liegen mir keine genauen Zahlen über die Ausgaben in diesem Bildungszweig vor. Auch der preußische Kultusminister konnte mir keine Auskunft über die in diesem speziellen Zweig aufgewendeten Beträge geben. Er fügt hinzu, dass die Ausgaben von Jahr zu Jahr schwanken.

Neben der preußischen Regierung gewähren auch verschiedene Gemeinden im Königreich gelegentlich Geldzuschüsse zur Förderung von Musikstudenten. Im vergangenen Jahr beispielsweise stellte die Stadt Berlin 60.000 Mark (14.280 Dollar) zur Verfügung, damit das Philharmonische Orchester während der Sommermonate in der Stadt bleiben konnte, anstatt die Küste oder andere Ferienorte zu besuchen. Als Gegenleistung für diesen Zuschuss spielte das Orchester in bestimmten großen Hallen beliebte Konzerte zu einem symbolischen Eintrittspreis.

Der deutsche Kaiser ist in seiner privaten Eigenschaft ein liberaler Förderer der Musikkunst. Er gewährt jährlich Geldzuschüsse zur Unterstützung der Königlichen Oper in Berlin, wobei die Höhe je nach den Bedürfnissen jedes Jahres variiert. Die Höhe dieses Beitrags wird nicht veröffentlicht.

Das Vorstehende ist die sicherste Information, die zu diesem Thema erhältlich ist. Ich hoffe, es kann Ihnen von Nutzen sein.

Mit freundlichen Grüßen,
M. THACKARA ,
amerikanischer Generalkonsul .

UNGARN.

Die folgende Liste staatlicher Institutionen für Musikkultur in Ungarn wurde freundlicherweise von Dr. Paul Majouszky, Leiter der Abteilung für bildende Künste, und Naray-Szabó, Staatssekretär, eingereicht.

Kronen

Die Budapester Musikakademie erhält einen jährlichen Betrag von (aus dem Haushalt von 1913)	385.233
Das Schulgeld beträgt	54.440
Jährliche Zuschüsse an Musikschulen in den Provinzstädten und -verbänden	56.000
Unterstützung von Musikern, insbesondere Komponisten, bei Studien im Ausland und bei der Veröffentlichung musikalischer Kompositionen	8.000
Für allgemeine musikalische Zwecke, Orchester, Konzertsubventionen für Musikwerke	122.000
Für den Erhalt der Philharmonischen Gesellschaft, die aus Mitgliedern der Königlichen Ungarischen Oper besteht, und des Symphonieorchesters, das vom Staat gegründet wurde, um Konzerte für junge Arbeiter in Provinzstädten zu geben	120.000
Für den Unterhalt des Royal Opera Orchestra und die Bezahlung seines Direktors	343.500

Für den Chorverein der Königlich-Ungarischen Universität Budapest	700
Für den Chorverein der Joseph Polytechnical High School	1.000
Und für sein Orchester	1.500
Für Gehälter von Musiklehrern an Schulen	88.100
Für Militärmusikkapellen	76.000
	1.202.033

RUSSLAND.

KAISERLICH RUSSISCHE BOTSCHAFT.

WASHINGTON, DC

Washington, 28. Mai 1913.
Nr. 193.

Die genaue Summe, die das Kaiserliche Innenministerium jährlich für Subventionen für die Musik ausgibt, beträgt 139.900 Rubel pro Jahr.

ALEXANDER LYSSAKOVSKY.
Erster Sekretär der Botschaft.

SACHSEN.

Dresden, 8. April 1913.

Königlich-Sächsisches
Ministerium des Innern.

Nr. 627 III. F.

In Sachsen gibt es keine Landeskonservatorien oder Landesschulen für die musikalische Ausbildung.

Bei den dem Ministerium unterstehenden Institutionen für Musikausbildung handelt es sich um verschiedene private Unternehmen.

Für die künstlerische Entwicklung in der Musik stellt das unterzeichnende Ministerium jährlich 5.000 Mark zur Verfügung. Diese Förderung dient der teilweisen oder vollständigen Finanzierung der Studiengebühren für besonders begabte und fleißige Studierende, die zu Sachsen gehören.

(Graf) VITZTHUM VON ECKSTAEDT ,
Königlicher Minister des Innern, Sachsen .

SCHWEDEN.

Königliches Konservatorium für Musik.

Stockholm, 4. Januar 1913.

Die jährlichen Subventionen der schwedischen Regierung für Musik gemäß den neuesten verfügbaren Quellen:

Kronen

	Kronen
Jährlicher Zuschuss des Staates für die Royal Academy of Music und das Royal Conservatory	85.649,67
Subvention für das Royal Opera House	60.000,00
Subventionen an schwedische Komponisten	15.000,00
Musikunterricht an öffentlichen Schulen	124.367,50
Militärorchester	1.027.424,10
Zwei Orchester	28.000,00
Gesamtsumme der jährlichen Subvention	1.340.441,27

BR. BECKMANN.

VEREINIGTE STAATEN.

Innenministerium , Bildungsamt ,

Washington, D.C., 5. März 1913.

1. Die amerikanische Regierung stellt keinerlei Mittel für den Unterricht von Schülern an öffentlichen Konservatorien bereit.

2. Soweit diesem Amt bekannt ist, spendet keiner der Staaten Beträge für denselben Zweck.

3. Die amerikanische Regierung gewährt keine Subventionen für die große Oper. Soweit dieses Büro Informationen erhalten konnte, wird von keinem Staat eine solche Subvention gewährt.

4. Soweit diesem Büro bekannt ist, gibt es keine Subventionen für Orchesterorganisationen oder Gesangsvereine.

5. Soweit diesem Büro bekannt ist, gibt es vom Staat keine Preise für musikalische Leistungen an Komponisten, Sänger oder Musiker.

6. Es gibt keine Stiftung der Bundesregierung, die es jungen begabten Musikern ermöglicht, ihre musikalische Ausbildung in Amerika oder im Ausland abzuschließen.

Ich möchte anmerken, dass in einigen indischen Schulen, die von der Bundesregierung finanziert werden, Musikunterricht erteilt wird und dass diese Schulen auch über Musikorganisationen verfügen. Allerdings werden von der Bundesregierung keine speziellen Mittel für den Musikunterricht bereitgestellt. Diese Aussage gilt auch für staatlich geförderte Einrichtungen.

Hochachtungsvoll,
TA KALBACH ,
Obersekretär .

UNGARN.

KÖNIGLICH UNGARISCHES MINISTERIUM
FÜR ÖFFENTLICHEN GOTTESDIENST UND BILDUNG
, BUDAPEST
, N. 13577,

ÜBERSETZUNG.

Ich habe die Ehre, Ihnen die Informationen zu geben, um die Sie in Ihrem Brief vom 11. Januar 1913 gebeten haben. In Ungarn gibt es nur eine staatliche Musikschule, ein Gymnasium: die Musikakademie in Budapest. Der Haushalt des laufenden Jahres sieht für den Unterhalt dieses Instituts eine Summe von 385.233 Kronen vor. Nach Abzug der Schulgebühren von 54.440 cr. Der Staat muss jährlich 333.793 Cr ausgeben. Der Staat gewährt auch den von Provinzstädten und -verbänden unterhaltenen Musikschulen einen jährlichen Zuschuss von 56.000 Kronen. das nimmt von Jahr zu Jahr zu. Für die Unterstützung von Musikern, insbesondere Komponisten, bei Studienaufenthalten im Ausland sowie für die Veröffentlichung von Musikkompositionen und einer Sammlung populärer Lieder sind 8.000 cr vorgesehen. Für allgemeine musikalische Zwecke (Orchester, Konzerte, Subventionen von Musikwerken usw.) 122.000 cr. bestimmt sind, speziell 120.000 cr. zur Aufrechterhaltung der philharmonischen Gesellschaft, die von Mitgliedern der Royal Hung gegründet wurde. Oper und Symphonieorchester vom Staat gegründet, um in Provinzstädten Konzerte für junge Arbeiter usw. zu geben und künstlerische Musik und Kultur zu verbreiten. Der Unterhalt des Royal Opera Orchestra und die Bezahlung seines Dirigenten erfordern 343.500 Cr. Die Hauptstadt Budapest unterhält einen Musikkurs, und zahlreiche Provinzstädte unterhalten Musikschulen und Orchester ohne staatliche Unterstützung. Bezüglich der Kosten für Militärkapellen beehre ich mich, Ihnen nachfolgend die notwendigen Informationen zu geben.

Budapest, den 23. März 1913.

Für den Minister:
(gez.) NARAY-SZABO ,
Staatssekretär .

KÖNIGLICH UNGARISCHES MINISTERIUM
FÜR ÖFFENTLICHE VEREHRUNG UND BILDUNG
BUDAPEST
N. 124655

Ich habe die Ehre, Ihnen die zusätzlichen Informationen zu geben, die ich Ihnen in meiner Antwort (Nr. 13577, 12. April) auf Ihr Schreiben vom 11. Januar versprochen habe. Der ungarische Staat zahlt gegenwärtig dem Gesangverein der Königlich-Ungarischen Universität Budapest einen jährlichen Zuschuss von 700 Kronen, dem Gesangverein selbst 1000 Kronen und dem Orchester des Joseph-Olytechnischen Gymnasiums 1500 Kronen. In den Mittelschulen (Colleges und Realschulen) ist der Musikunterricht noch nicht vollkommen organisiert, die Kursgebühren werden von den Schülern bezahlt, der Staat beteiligt sich an den Gehältern der Musiklehrer. Die jährlichen Kosten des besagten Unterrichts belaufen sich (einschließlich eines Gehalts von 6400 Kronen für den Inspektor) in Mädchenschulen auf 74.500, in medizinisch-pädagogischen Instituten auf 13.600 Kronen, die für den Unterhalt von Militärkapellen in der regulären Armee auf 76.400 Kronen.

Budapest, den 24. Juli 1913.

Im Auftrag des Ministers
(unterzeichnet) DR. PAUL MAJOWZKY ,
Leiter der Abteilung für bildende Kunst .

FUSSNOTEN:

[43] In einem anderen Brief vom 13. Mai 1913 wird hinzugefügt: „9.600 Kronen für die verschiedenen Konzertvereine", womit sich Dänemarks jährliche Ausgaben für die Musikausbildung auf insgesamt 20.600 Kronen belaufen.

ANHANG F.
BIBLIOGRAPHIE.

AMERIKANISCHE GESCHICHTE UND ENZYKLOPÄDIE DER MUSIK. : Irving Square, New York.

BAILEY, LH : Country Life Movement, 1911, MacMillan Co.

BRYCE, JAMES : The American Commonwealth, 1911, MacMillan Co.

BULFINCH, THOMAS : Age of Fables, John D. Morris & Co., Nr. 122 der Edition de Luxe.

CAESAR, JULIUS : Vom schönen Gallien.

CARHART, HS : Universitätsphysik, Teil I, Allan & Bacon, Boston.

DARWIN, CHARLES : Die Abstammung des Menschen, 1909, Appleton & Co., Zweite Ausgabe.

DEFURSAC, J. ROGUES : Handbuch der Psychiatrie, 1908, John Wiley & Sons, New York.

DICKINSON, EDWARD : Das Studium der Musikgeschichte, 1912, Chas. Scribner's Sons, New York.

ELLIS, HAVELOCK : Studien zur Sexualpsychologie, 1906, FR Davis Co., Philadelphia.

ELLIS UND HORNE : Die Geschichte der größten Nationen, Niglutsch.

GALTON : Erbliches Genie und englische Wissenschaftler.

GIBBINS, H. DE B.: Industrie in England, 1907, Charles Scribner's Sons, New York.

GIBBONS, HRSG.: Römisches Reich, Hurst & Co., New York.

GIDDINGS: Demokratie und Imperium, 1912, MacMillan Co.; Prinzipien der Soziologie, 1911, MacMillan Co.; Deskriptive und historische Soziologie, 1909, MacMillan Co.; Induktive Soziologie, 1909, MacMillan Co.; Elemente der Soziologie, 1898, MacMillan Co.; „Sociology", eine 1908 von der Columbia Press veröffentlichte Vorlesung.

GROTE, GEORGE : Griechenland, Peter Fenelon Collier & Son, New York.

GUMMERE, FRANCIS B .: Germanic Origins, 1892, Chas. Scribner's Sons, New York.

GUMPLOVICZ, LUDWIG : Rassenkampf, 1909, Innsbruck, Wagnersche Univ. Buchführung.

GURNEY, EDMUND : Die Macht des Klanges, 1880, Smith, Elder & Co., London.

HADDON, AC : Die Wanderung der Völker.

HARRISON, JANE ELLEN : „Themis."

HAWEIS, REV. HR : Musik und Moral, 1876, Harper & Bros., New York.

HAWES, CH UND HB : Kreta, der Vorläufer Griechenlands, 1911, Harper & Bros.

HELMHOLTZ, HERMANN LF : Sensations of Tone, 1912, Longmans, Green & Co.

HAEKEL, ERNST : Das Rätsel des Universums, Harper & Bros., NY und London.

HERVEY, ARTHUR : Meister der französischen Musik, 1896, Chas. Scribner's Sons.

HISTORICAL PUBLISHING CO., THE , London, Philadelphia. Das Drama.

HOUGH UND SEDGWICK : Der menschliche Mechanismus, Ginn & Co.

HOWELL, WILLIAM H .: Lehrbuch der Physiologie, 1907, VB Saunders Co., New York.

HUEFFER, FRANCIS : Ein halbes Jahrhundert Musik in England, 1889, Gebbie & Co.

JANET, PIERRE : Die Hauptsymptome der Hysterie, 1907, MacMillan Co.

JENCKS UND LAUCK : Einwanderungsproblem, 1912, Funk & Wagnalls Co.

KEANE, AH : Die Völker der Welt, 1908, GP Putnam's Sons, New York.

KITTO, JOHN : Palästina, Peter Fenelon Collier & Son, New York.

KRAEPELIN, DR. EMIL : Klinische Psychiatrie, 2. Auflage, William Wood & Co., 1906.

LANSON, GUSTAV : Histoire de la literature francaise, 1894, Hachette & Co., Paris.

LAVIGNAC, ALBERT : Musik und Musiker, 1899, Henry Holt & Co., New York.

LETOURNEAU, CHAS. : Eigentum, sein Ursprung und seine Entwicklung, 1896, Charles Scribner's Sons, New York.

MAINE, HENRY SUMNER : Vorlesungen zur Frühgeschichte von Institutionen.

MAITLAND, FULLER : Masters of German Music, 1894, Osgood, McIlvaine & Co., London.

MARX, DR. KARL : Das Kapital, 1909, Chas. H. Kerr & Co., Chicago.

MORGAN, LEWIS H .: Alte Völker.

MYRES, JL : The Dawn of History, 1911, Williams und Norgate, London.

OCHEA : Tesoro del Teatro Espanol, Tomo IV, 1898, Garnier Hermanos, Paris.

REINSCH, PAUL S.: Amerikanische Bundesregierung, Ginn & Co.

RIPLEY, WILLIAM G .: Die Rassen Europas.

ROUSSEAU, JJ : Der soziale Vertrag, Ernest Flammarion, Paris.

RUTHERFORD, E.: Radio Activity, 1905, Cambridge, University Press.

SCHOPENHAUER, ARTHUR : Die Welt als Wille und Vorstellung, 1907-9, K. Paul, Trench, Trubner & Co., London.

SEAGER, HENRY ROGERS : Sozialversicherung, 1910, The MacMillan Co., Amer. Social Progress Series.

SEEBOHM, FREDERICK : Stammesbräuche im angelsächsischen Recht, 1902, Longmans, Green & Co., New York.; Das Stammessystem in Wales, 1904, Longmans, Green & Co., New York.

SPENCER, HERBERT : Erste Prinzipien.; Synthetische Philosophie, 1900, D. Appleton & Co.; Prinzipien der Biologie, 1900, D. Appleton & Co.

STANDARD AMERICAN ENCYCLOPEDIA, THE.

STEINER, EDWARD A .: Auf der Spur des Einwanderers, 1906, Fleming H. Revell Co.

STORRING, GUSTAV : Mental Pathology and Normal Psychology, 1907, Swan, Sonnenschein & Co., London.

STREATFIELD, RA : The Opera, 1907, George Routledge & Sons, Limited, London.

SUMNER, WILLIAM J.: Folk Ways, 1907, Ginn & Co., Boston.

SYMONDS, JOHN ADDINGTON : Renaissance in Italien, 1907, Chas. Scribner's Sons, New York.

TACITUS : Germania, 1911, G. Bell & Sons, London.

TAYLOR, ISAAC : Der Ursprung der Arier.

THOMAS, WILLIAM J .: Quellenbuch für soziale Ursprünge, 1909, The University of Chicago Press.

THOMSON, J. ARTHUR : Darwinismus und menschliches Leben.

THORNDIKE, EDWARD A .: Pädagogische Psychologie, 1903, The Science Press, New York.

TILLEY, ARTHUR : Die Literatur der französischen Renaissance, 1904, Cambridge, bei der University Press.

WALLESCHEK, RICHARD : Primitive Music, 1893, Longmans, Green & Co.

WARD, LESTER : Angewandte Soziologie, 1906, Ginn and Co.

WEBB, SIDNEY UND BEATRICE : Industrial Democracy, 1911, Longmans, Green & Co., London.

WILLEBY, CHAS.: Masters of English Music, 1893, Jas. R. Osgood, McIlvaine & Co., London.

WOOLDRIDGE, HE : The Oxford History of Music, 1901, Oxford, bei Clarendon Press.